状況描写や説明に強くなる！

パッと見て話す英語スピーキング

コスモピア編集部 編

コスモピア

はじめに

　英語が話せるようになるためには、実際に話してアウトプットする経験を積むことは絶対に必要です。しかし、何のとっかかりもなく、唐突に「自由に英語で話してみて！」と言われてもかえって戸惑ってしまいますよね。そこで本書では、英語を話す糸口となり得る写真やイラストを豊富にご用意しました。写真やイラストをパッと見てすぐに英語で話す瞬発力を鍛えることができれば、その瞬発力を応用して、通学・通勤しているときやカフェでコーヒーを飲んでいるときといったちょっとしたスキマ時間を使って自分の目の前にあるものを英語にしてつぶやいてみることで、どんどんアウトプットの力を伸ばすことができます。

　本書は写真を見てパッと英語で描写する「Part 1 写真編」と、イラストをパッと見て英語で説明する「Part 2 イラスト編」の2つに分かれています。本の構成上、Part 1とPart 2に分かれてはいますが、基本的には「大から小へ」という視点で英語にしていくという方法は共通しています。具体的には①**全体像（Big Picture）**、②**概要（Outline）**、③**詳細（Details）**、④**感想（Feedback）**の順で話していくというスキームを紹介しています。

　日本語だと、まずは細部の描写や説明をたっぷりと語ってから最後に結論という文章になりがちです。しかし、英語では

話の背景や前提条件となる全体像を最初にハッキリと示してから、その後で概要や詳細について描写や説明を加えていくという構成で話されることが多いです。その際、写真やイラストから読み取れる客観的な事実と、自分の主観に基づく感想や考察をしっかりと分けて話すことも重要です。本書で登場する英文は、どれもこれまで述べたような点を意識して構成されていますから、本書でのトレーニングを通じて、自然とそういった視点や話の構成法も身につくことでしょう。

　写真編では、食べ物や生き物の比較的単純な写真について描写するところから始め、後半では徐々により複雑な状況について描写するトレーニングを体験していただきます。イラスト編では、レストランのメニューやイベントの告知ポスター、航空券や家の見取図など、様々な場面で用いられる図やイラストの説明に取り組んでいただきます。終盤では応用編として、英語を使った道案内や乗換案内にも挑戦してもらいます。

　また、それぞれのPartは7つのUnitから成り、それぞれのUnitは3つの問題(トレーニング)で構成されています。つまり、1日3問ずつ問いていけば、2週間で攻略できる構成となっています。表現が自分の中に定着するまで、ぜひ何度もくり返しトレーニングにチャレンジしてみてください。

2023年7月10日

Contents

Part 1
写真編

Part 2
イラスト編

本書の構成と使い方

本書は写真編とイラスト編の2つのPartに分かれています。前者では、写真をパッと見て瞬時に英語で描写するための瞬発力を、後者ではイラストをパッと見て英語で説明したり、案内するための瞬発力を鍛えます。

【視点のヒント】
写真を見て英語で描写するための目のつけどころをアドバイスします。基本的な視点は「大から小へ」。つまり、大きな全体像や概要を捉えてから、細部を説明していきましょう。

【視点の流れと表現例】
ここでは、「大から小へ」という視点の流れに沿って、それぞれの段階における英語の表現例を掲載しています。事実の列挙だけでなく、自分の感想や考察なども加えられると良いでしょう。

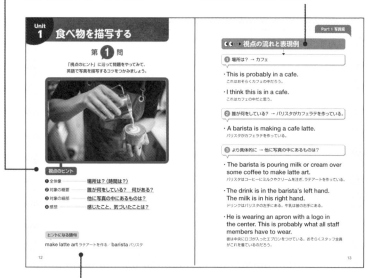

【ヒントになる語句】
英語で描写する際に必要となるであろう英単語を挙げておきます。

【表現のポイント】

ここで登場する表現について、用例などを紹介しながらさらに深堀りしています。

【Training】

2ページ前に掲載した「視点の流れと表現例」をもとにした英語スピーキングの見本例です。空欄が3カ所空いているので、音声を聞いて埋めてみてください。

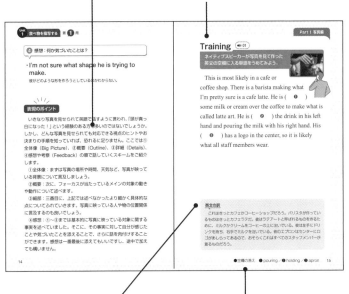

Unit 1 食べ物を描写する 第**1**問

④ 感想：何か気づいたことは？

・I'm not sure what shape he is trying to make.
彼がどのような形を作ろうとしているのかわからない。

表現のポイント

いきなり写真を見せられて英語で話すように言われ、「頭が真っ白になった！」という経験のある方が多いのではないでしょうか。しかし、どんな写真を見せられても対応できる視点のヒントやお決まりの手順を知っていれば、恐れるに足りません。ここでは①全体像（Big Picture）、②概要（Outline）、③詳細（Details）、④感想や考察（Feedback）の順で話していくスキームをご紹介します。

①全体像：まずは写真の場所や時間、天気など、写真が映っている背景について言及しましょう。

②概要：次に、フォーカスが当たっているメインの対象の動きや動作について述べます。

③細部：三番目に、上記では述べなかったより細かく具体的な点についてふれていきます。写真に映っている人や物の位置関係に言及するのも良いでしょう。

④感想：①～③までは基本的に写真に映っている対象に関する事実を述べていました。そこに、その事実に対して自分が感じたことや気づいたことを添えることで、さらに話を肉付けすることができます。感想は一番最後に添えてもいいですし、途中で加えても構いません。

14

Part 1 写真編

Training 🔊 01

ネイティブスピーカーが写真を見て作った
英文の空欄に入る単語をうめてみよう。

　This is most likely in a cafe or coffee shop. There is a barista making what I'm pretty sure is a cafe latte. He is (❶) some milk or cream over the coffee to make what is called latte art. He is (❷) the drink in his left hand and pouring the milk with his right hand. His (❸) has a logo in the center, so it is likely what all staff members wear.

英文の訳

これはきっとカフェかコーヒーショップだろう。バリスタが作っているものはきっとカフェラテだ。彼はラテアートと呼ばれるものを作るために、ミルクかクリームをコーヒーの上に注いでいる。彼は左手にドリンクを持ち、右手でミルクを注いでいる。彼のエプロンはセンターにロゴがあしらってあるので、おそらくこれはすべてのスタッフメンバーが着るものなのだろう。

【英文の訳】

上に掲載した、ネイティブが考えた例文の日本語訳です。

【空欄の答え】

穴埋めの答えです。3つのうち、いくつ聞き取れたでしょうか。

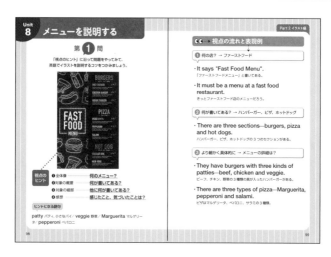

Part 2のイラスト編も基本的な構成はPart 1と同じです。「視点のヒント」に従って、全体から細部へと視点を移しながら、英語で説明していきましょう。最後に音源を聞きながら、英語の穴埋めに挑戦してみてください。

音声ダウンロードの方法

音声をスマートフォンや PC で、簡単に
聞くことができます。

方法1 スマホで聞く場合

面倒な手続きなしにストリーミング再生で聞くことができます。

※ストリーミング再生になりますので、通信制限などにご注意ください。
　また、インターネット環境がない状況でのオフライン再生はできません。

> このサイトにアクセスするだけ！

https://on.soundcloud.com/jrWU5

1 上記サイトに**アクセス！**

2 アプリを使う場合は
SoundCloud に
アカウント登録（無料）

方法2 パソコンで音声ダウンロードする場合

パソコンで mp3 音声をダウンロードして、スマホなどに取り込むことも可能です。（スマホなどへの取り込み方法はデバイスによって異なります）

1 下記のサイトにアクセス

https://www.cosmopier.com/
download/4864541992

2 中央のボタンをクリックする

音声は PC の一括ダウンロード用圧縮ファイル（ZIP 形式）でご提供します。
解凍してお使いください。

電子版の使い方

音声ダウンロード不要
ワンクリックで音声再生！

本書購読者は
無料でご使用いただけます！
音声付きで
本書がそのままスマホでも
読めます。

**電子版ダウンロードには
クーポンコードが必要です**

詳しい手順は下記をご覧ください。
右下の QR コードからもアクセスが
可能です。

電子版：無料引き換えコード
23012

ブラウザベース（HTML5 形式）でご利用
いただけます。

★クラウドサーカス社 ActiBook電子書籍
（音声付き）です。

●対応機種
・PC（Windows/Mac）　・iOS（iPhone/iPad）
・Android（タブレット、スマートフォン）

電子版ご利用の手順

❶コスモピア・オンラインショップにアクセス
　してください。（無料ですが、会員登録が必要です）

https://www.cosmopier.net/

❷ログイン後、カテゴリ「電子版」のサブカテゴリ「書籍」をクリックします。

❸本書のタイトルをクリックし、「カートに入れる」をクリック。

❹「カートへ進む」→「レジに進む」と進み、「クーポンを変更する」をクリック。

❺「クーポン」欄に本ページにある無料引き換えコードを入力し、「登録する」をクリック。

❻０円になったのを確認して、「注文する」をクリックしてください。

❼ご注文を完了すると、「マイページ」に電子書籍が登録されます。

Part 1
写真編

食べ物を描写する

第 1 問

「視点のヒント」に沿って問題をやってみて、
英語で写真を描写するコツをつかみましょう。

視点のヒント

❶ 全体像 ……………… **場所は？（時間は？）**

❷ 対象の概要 ………… **誰が何をしている？　何がある？**

❸ 対象の細部 ………… **他に写真の中にあるものは？**

❹ 感想 ………………… **感じたこと、気づいたことは？**

ヒントになる語句

make latte art ラテアートを作る／**barista** バリスタ

👀 ··▶ 視点の流れと表現例

---

1 場所は？ → カフェ

- **This is probably in a cafe.**
  これはおそらくカフェの中だろう。

- **I think this is in a cafe.**
  これはカフェの中だと思う。

---

2 誰が何をしている？ → バリスタがカフェラテを作っている。

- **A barista is making a cafe latte.**
  バリスタがカフェラテを作っている。

---

3 より具体的に → 他に写真の中にあるものは？

- **The barista is pouring milk or cream over some coffee to make latte art.**
  バリスタはコーヒーにミルクやクリームを注ぎ、ラテアートを作っている。

- **The drink is in the barista's left hand. The milk is in his right hand.**
  ドリンクはバリスタの左手にある。牛乳は彼の右手にある。

- **He is wearing an apron with a logo in the center. This is probably what all staff members have to wear.**
  彼は中央にロゴが入ったエプロンをつけている。おそらくスタッフ全員がこれを着ているのだろう。

④ 感想：何か気づいたことは？

・I'm not sure what shape he is trying to make.

彼がどのような形を作ろうとしているのかわからない。

\ | /
表現のポイント

　いきなり写真を見せられて英語で話すように言われ、「頭が真っ白になった！」という経験のある方も多いのではないでしょうか。しかし、どんな写真を見せられても対応できる視点のヒントやお決まりの手順を知っていれば、恐れるに足りません。ここでは①全体像（Big Picture）、②概要（Outline）、③詳細（Details）、④感想や考察（Feedback）の順で話していくスキームをご紹介します。

　①全体像：まずは写真の場所や時間、天気など、写真が写っている背景について言及しましょう。

　②概要：次に、フォーカスが当たっているメインの対象の動きや動作について述べます。

　③細部：三番目に、上記では述べなかったより細かく具体的な点についてふれていきます。写真に写っている人や物の位置関係に言及するのも良いでしょう。

　④感想：①～③までは基本的に写真に写っている対象に関する事実を述べていました。そこに、その事実に対して自分が感じたことや気づいたことを添えることで、さらに話を肉付けすることができます。感想は一番最後に添えてもいいですし、途中で加えても構いません。

Training 01

ネイティブスピーカーが写真を見て作った
英文の空欄に入る単語をうめてみよう。

This is most likely in a cafe or coffee shop. There is a barista making what I'm pretty sure is a cafe latte. He is (**❶**) some milk or cream over the coffee to make what is called latte art. He is (**❷**) the drink in his left hand and pouring the milk with his right hand. His (**❸**) has a logo in the center, so it is likely what all staff members wear.

英文の訳

　これはきっとカフェかコーヒーショップだろう。バリスタが作っているものはきっとカフェラテだ。彼はラテアートと呼ばれるものを作るために、ミルクかクリームをコーヒーの上に注いでいる。彼は左手にドリンクを持ち、右手でミルクを注いでいる。彼のエプロンはセンターにロゴがあしらってあるので、おそらくこれはすべてのスタッフメンバーが着るものだろう。

●空欄の答え　❶ pouring ／❷ holding ／❸ apron　15

第 2 問

「視点のヒント」に沿って問題をやってみて、
英語で写真を描写するコツをつかみましょう。

視点のヒント

❶ 全体像 …………………… 場所は？（時間は？）

❷ 対象の概要 ………… 誰が何をしている？ 何がある？

❸ 対象の細部 ………… 他に写真の中にあるものは？

❹ 感想 …………………… 感じたこと、気づいたことは？

ヒントになる語句

most likely 最も可能性が高い／ **ketchup** ケチャップ／ **next to...** 〜のとなりに／ **complete** 全部そろった、完全な

👀⋯▶ 視点の流れと表現例

⋮
▼

1 場所は？ → レストラン

・**This must be inside a restaurant.**
これはレストランの中であるはずだ。

・**This is most likely inside a restaurant.**
これはおそらくレストラン内にあると思われる。

2 誰が何をしている？ → 食事がテーブルの上に並んでいる。

・**Some food is on a table.**
食べ物がいくつかテーブルの上にある。

3 より細かく具体的に → テーブル上の食べ物や飲み物は？

・**A burger, a glass of beer, a salad, and some French fries with ketchup are on the table.**
テーブルの上にはハンバーガー、ビール1杯、サラダ、ケチャップを添えたフライドポテトがいくらかある。

・**The burger is next to the French fries.**
ハンバーガーの隣にはフライドポテトがある。

・**The glass of beer is just to the right of the burger.**
ビールグラスはハンバーガーのすぐ右側にある。

· **There is a salad behind the fries.**

フライドポテトの後ろにはサラダがある。

4 感じたことや気づいたこと

· **The burger is still complete, and the beer is still full, so someone is just starting to eat.**

ハンバーガーはまだ形が崩れていなくて、ビールもまだなみなみと注がれているので、ちょうど誰かがこれから食べ始めるところだ。

表現のポイント

写真に写っている事実について英語で描写していくのが基本ですが、事実かどうか確証が持てないこともあるでしょう。下記は、見たものがなんであるかを、どのくらい確信を持って言えるかという「確信の度合いを表す表現」です。確信がなくても、「たぶん」などと話せるので言えることの幅を広げることができます。

· **might** ひょっとしたら

· **may** かもしれない

· **maybe** たぶん

· **probably** たぶん

· **most likely** おそらく〜だろう

· **It seems** 〜らしい

· **It looks like...** 〜のようだ

· **must** 〜にちがいない

Training 🔊 02

ネイティブスピーカーが写真を見て作った
英文の空欄に入る単語をうめてみよう。

　This must be inside a restaurant.
There is some food on the table. It looks like
we have a burger, some fries, a beer, and a
salad. I see some (　❶　) as well. The burger is
placed next to the fries. The glass of beer is to the
right of the burger. The salad is at the back, (　❷　)
the fries. It doesn't look like the burger has been
touched yet. It's still (　❸　), and the beer is full,
so I guess the party has only just begun!

英文の訳

　これはレストランの中にちがいない。テーブルの上にいくらか食べ物
がある。ハンバーガー、フライドポテト、ビール、そしてサラダがある
ように見える。ケチャップもある。ハンバーガーはフライドポテトの隣
に置かれてある。グラスビールはハンバーガーの右にある。サラダは後
方、フライドポテトの後ろだ。ハンバーガーは手がつけられていないよ
うに見える。ハンバーガーはそのままの形であり、ビールも満杯だから、
パーティーはまだ始まったばかりだと思う！

第 3 問

「視点のヒント」に沿って問題をやってみて、
英語で写真を描写するコツをつかみましょう。

視点のヒント

❶ 全体像 …………………… **場所は？（時間は？）**

❷ 対象の概要 ………… **誰が何をしている？　何がある？**

❸ 対象の細部 ………… **他に写真の中にあるものは？**

❹ 感想 …………………… **感じたこと、気づいたことは？**

ヒントになる語句

just-cooked 出来たての／homemade 手作りの／complete
すべてがそろった／ginger grilled pork 豚の生姜焼き／
cabbage キャベツ／cucumber キュウリ

👀 ⋯▶ 視点の流れと表現例

┌─────────────────────────────┐
① 場所は？ → 家庭の食卓
└─────────────────────────────┘

・**This seems to be inside a home.**
ここは家の中であるようだ。

・**This looks like just-cooked homemade food.**
まるで出来たての手作り料理のようだ。

┌─────────────────────────────────────┐
② 誰が何をしている？ → 食事がテーブルの上に並んでいる。
└─────────────────────────────────────┘

・**There's some food and dishes on a table.**
テーブルの上にはいくつかの食べ物と皿がある。

・**It's a complete meal.**
これはすべてがそろった食事だ。

┌─────────────────────────────────┐
③ より細かく具体的に → テーブルの上にある料理は？
└─────────────────────────────────┘

・**There's rice, miso soup and ginger grilled pork on the table.**
テーブルにはご飯、味噌汁、豚の生姜焼きが用意されている。

・**The rice is next to the dish of ginger grilled pork.**
豚の生姜焼きの皿の隣にはご飯がある。

・**The miso soup is behind the rice.**
味噌汁はご飯の後ろにある。

・**There's some cabbage, cucumber and tomato on the dish with the ginger pork.**

豚肉の生姜焼きと一緒にキャベツ、キュウリ、トマトが載っている。

---

4 感じたこと、気づいたこと

・**I think this must be dinner.**

思うにこれは夕食にちがいない。

・**I don't think anything has been eaten yet.**

まだ何も食べられていないと思う。

・**The food looks fresh and delicious.**

食べ物は新鮮でおいしそうだ。

表現のポイント

　写真の概要について述べた後、詳細について言及するとき、人や物の位置関係に言及するのも一つの方法です。以下に「位置関係を表す表現」を示します。

・in front of...　〜の前に

・behind...　〜の後ろに

・in the foreground of...　〜の前方に

・in the background of...　〜の背後に

・in the middle of...　〜の真ん中に

・to the right of...　〜の右側に

・to the left of...　〜の左側に

・next to...　〜の隣に

・between　〜の間に

Training 🔊 03

ネイティブスピーカーが写真を見て作った
英文の空欄に入る単語をうめてみよう。

This seems to be in someone's home. There's some food on a table—ginger pork, rice and miso soup. It's a complete meal. The rice is to the right of the dish of (❶), and the miso soup is behind the rice. There's some cabbage, (❷) and tomato on the dish with the pork. It looks like the food hasn't been (❸) yet. Maybe the family is about to have dinner. The food looks fresh and delicious. It's making me hungry!

英文の訳

　これは誰かの家であるようです。テーブルには豚の生姜焼き、ご飯、味噌汁などの食べ物が置かれています。ひとそろいの食事です。豚の生姜焼きの右側にご飯があり、ご飯の後ろに味噌汁があります。豚肉と一緒にお皿にはキャベツ、キュウリ、トマトが載っています。食べ物にはまだ手を付けていないようです。おそらくこの家族は夕食をとろうとしているところでしょう。食べ物は新鮮でおいしそうです。お腹が空くよ！

●空欄の答え　❶ ginger pork ／❷ cucumber ／❸ touched　23

生き物を描写する

第 1 問

「視点のヒント」に沿って問題をやってみて、
英語で写真を描写するコツをつかみましょう。

視点のヒント

❶ 全体像 …………………… **場所は？（時間は？）**

❷ 対象の概要 ………… **誰が何をしている？　何がある？**

❸ 対象の細部 ………… **他に写真の中にあるものは？**

❹ 感想 …………………… **感じたこと、気づいたことは？**

ヒントになる語句

lawn 芝生／ collar 首輪／ as far as I can see 私が見る限り／
energetic 元気いっぱいの

👀⋯▶ 視点の流れと表現例

1 場所は？ → 芝生

・I think this is a big lawn.　これは広い芝生だと思う。

・This is a grassy field.　これは芝生の広場だ。

2 誰が何をしている？→犬がテニスボールをくわえて走っている。

・A dog is running with a ball.
犬がボールをくわえて走っている。

・A dog is running towards the camera with a tennis ball in its mouth.
犬が、テニスボールを口にくわえてカメラに向かって走ってくる。

3 より細かく具体的に → どんなことに気づく？

・The dog has a collar, so it must be someone's pet.
犬には首輪がついているので、誰かのペットなのだろう。

・As far as I can see, there are no other dogs around.
見る限り、周りに他の犬はいない。

・The dog must be bringing the ball back to its owner.
きっと犬はボールを飼い主の元に持ち帰っているにちがいない。

4 感じたこと、気づいたこと

- I think the dog looks like it's having a lot of fun.

  犬はとても楽しそうだ。

- It's really cute and energetic.

  犬が本当に可愛く、元気いっぱいだ。

- The season is probably spring.

  季節はおそらく春だ。

- It looks like a beautiful day.

  すばらしい一日のようだ。

表現のポイント

　英語で描写する際には「現在進行形」で表現することも多いです。特に対象の概要について述べる際、写真の中に主に起きている動作や出来事について序盤でバシッと言い切ってしまいましょう。

- A barista is making a cafe latte.

  バリスタがカフェラテを作っている。

- A dog is running with a ball.

  犬がボールをくわえて走っている。

- She is taking her dog for a walk.

  彼女は犬を散歩に連れて行っている。

Training

ネイティブスピーカーが写真を見て作った
英文の空欄に入る単語をうめてみよう。

I think this is a big (**❶**) in
a park. A dog is running with a tennis ball
in its mouth. It's probably (**❷**) the ball
back to its owner after the owner threw the ball.
In the photo there don't seem to be any other dogs
around. Maybe it's early in the morning. The dog is
so cute and (**❸**) . It looks like it's having a lot
of fun playing and running. The grass is light green,
so it's probably spring. It looks like a beautiful day.

英文の訳

　ここは公園の大きな芝生だろう。犬がテニスボールをくわえて走って
いる。おそらく、飼い主がボールを投げた後、そのボールを飼い主に持っ
て帰っているのだろう。写真では周りに他の犬はいないように見える。
もしかしたら朝早いのかもしれない。犬はとても可愛くて元気いっぱい。
遊んだり走ったりしてとても楽しそうだ。草が薄緑色なので春なのかも
しれない。すばらしい一日のようだ。

●空欄の答え　❶ lawn ／❷ bringing ／❸ energetic　　27

第 2 問

「視点のヒント」に沿って問題をやってみて、
英語で写真を描写するコツをつかみましょう。

視点のヒント

❶ 全体像 ……………… **場所は？（時間は？）**

❷ 対象の概要 ………… **誰が何をしている？　何がある？**

❸ 対象の細部 ………… **他に写真の中にあるものは？**

❹ 感想 ………………… **感じたこと、気づいたことは？**

ヒントになる語句

grab つかむ／**stationery** 文房具

👀⋯▶ 視点の流れと表現例

1 場所は？ → 仕事部屋

・**I think this person is at a work desk.**
この人は仕事机のところにいると思う。

・**I think this person is teleworking.**
この人物はリモートワークをしているのだろう。

2 誰が何をしている？ → 猫が右腕をつかんでいる。

・**A cat is grabbing her right arm.**
猫が彼女の右腕をつかんでいる。

3 より細かく具体的に → 作業机の上にあるものは？

・**There appears to be a mouse, keyboard and smartphone on the work desk.**
作業机の上にはマウス、キーボード、スマートフォンがあるようだ。

・**The person's left hand is resting on the keyboard.**
その人の左手はキーボードの上に置かれている。

・**The cat is in her lap.**
猫が彼女の膝の上にいる。

- **There is some stationery behind the keyboard.**
  キーボードの後ろに文房具がいくつかある。

- **Some sunlight is shining on the desk.**
  机の上に日の光が少し当たっている。

> ④ 感じたこと、気づいたこと

- **It seems the cat wants attention from its owner.**
  猫は飼い主にかまってほしいようだ。

- **I wonder if she is having trouble working since her cat is grabbing her wrist.**
  猫に手首をつかまれて仕事に支障が出ているのだろうか。

表現のポイント

　基本的には写真に写っている事実について言及した後、自分の心の中にふと浮かんだ軽い疑問や推測を表現するときに使えるのが、I wonder if... です。

- **I wonder if...** 　〜かなあ。

Training ◀)) 05

ネイティブスピーカーが写真を見て作った
英文の空欄に入る単語をうめてみよう。

I think this person is working from home. It looks like the cat is in the person's way! The cat is (❶) its owners' arm while they try to work. It looks like there is a mouse, keyboard, and smartphone on the desk. There is also some (❷) behind the keyboard, on the right side of the picture. The person's left hand is resting on the keyboard. There might be a window nearby, because I think some sunlight is (❸) on the desk.

英文の訳

　この人は自宅でテレワークをしていると思う。猫はこの人のじゃまをしているように見える！　飼い主が働こうとしている間、猫はその腕をつかんでいる。机の上にはマウス、キーボード、そしてスマートフォンがあるように見える。写真の右側では、キーボードの後ろに文房具もある。この人の左手はキーボードの上に置かれている。日光が机を照らしていると思うので、窓が近くにあるかもしれない。

●空欄の答え　❶ grabbing ／❷ stationery ／❸ shining　　31

第 3 問

「視点のヒント」に沿って問題をやってみて、
英語で写真を描写するコツをつかみましょう。

視点のヒント

❶ 全体像 ………………… **場所は？（時間は？）**

❷ 対象の概要 ………… **誰が何をしている？　何がある？**

❸ 対象の細部 ………… **他に写真の中にあるものは？**

❹ 感想 …………………… **感じたこと、気づいたことは？**

ヒントになる語句

most likely おそらく〜にちがいない／ **zebra** シマウマ／
sandpit 砂場／ **forest** 森／ **giraffe** キリン／ **enclosure** 囲い／
plant-eating animals 草食動物／ **habitat** 生息地

👀 ···▶ 視点の流れと表現例

1 場所は？ → 動物園

・I think this is a zoo.

これは動物園だと思う。

・I guess this is most likely a safari park.

思うにこれはおそらくサファリパークにちがいない。

2 どこに何がある？ → 緑の上に動物たちがいる。

・Some animals are on the green.

緑のあるところには何匹もの動物がいる。

3 より細かく具体的に → どこにどんな動物がいる？

・In the lower part of the photo, there are two zebras in a sandpit.

写真の下の方には、砂場に2頭のシマウマがいる。

・There are two giraffes in front of a small forest area.

小さな森林地帯の前にキリンが2頭いる。

・There are three big birds between the zebras and the giraffes.

シマウマとキリンの間に3羽の大きな鳥がいる。

· I don't see any animals in enclosures or cages, so it's probably a safari park.

囲いや檻の中にいる動物が見当たらないので、おそらくサファリパークだろう。

4 感じたこと、気づいたこと

· Giraffes are so impressive.

キリンがとても印象的だ。

· I guess this is a zone for plant-eating animals.

ここは草食動物の区域なのだろう。

· I think this kind of park tries to recreate natural animal habitats.

この種の公園は、自然の動物の生息地を再現しようとしていると思う。

· It's interesting to see different species in the same area.

同じ場所に違う種類の生き物がいるのを見るのも面白いね。

表現のポイント

英語には「～だと思う」を表す表現がたくさんあります。下記のように「確信の度合い」によって使い分けられます。

· I'm sure... きっと～だろう

· I bet... きっと～だと思う

· I think... ～だと思う

· I guess... （当てずっぽうで）～だと思う

Training 06

ネイティブスピーカーが写真を見て作った
英文の空欄に入る単語をうめてみよう。

I think this is a zoo. Actually, I don't see any (**❶**), so it's probably a safari park. There are three kinds of animals in this area. Two giraffes are standing in front of a small forest area. In the foreground, two zebras are (**❷**) in a sandpit. And there are three big birds between the giraffes and the zebras. I wonder what kind of birds they are. I think this kind of park tries to recreate animal (**❸**). I hope the animals have a lot of space to roam around.

英文の訳

　これは動物園だと思う。実際、囲いは見当たらないので、おそらくサファリパークだろう。ここには3種類の動物がいる。2頭のキリンが小さな森の前に立っている。手前では、2頭のシマウマが砂場でくつろいでいる。そしてキリンとシマウマの間に3羽の大きな鳥がいる。何の鳥だろう。この種の公園は、動物の生息地を再現しようとしているのだと思う。動物たちが歩き回れるスペースがたくさんあるといいな。

●空欄の答え　❶ enclosures ／❷ relaxing ／❸ habitats　35

第 1 問

「視点のヒント」に沿って問題をやってみて、
英語で写真を描写するコツをつかみましょう。

視点のヒント

❶ 全体像 …………… **場所は？（時間は？）**

❷ 対象の概要 ………… **誰が何をしている？　何がある？**

❸ 対象の細部 ………… **他に写真の中にあるものは？**

❹ 感想 ……………… **感じたこと、気づいたことは？**

ヒントになる語句

yawn あくびをする／ stretch 伸ばす／ harbor 港／
skyscraper 高層ビル

👀 … ▶ 視点の流れと表現例

① 場所は？ → ホテル／時間は？ → 朝

- **The woman is probably in a hotel.**
  女性はおそらくホテルにいるのだろう。

- **The room is likely in a skyscraper because I can see the harbor below.**
  眼下に港が見えるので、おそらく高層ビルの部屋だろう。

- **It must be in the morning because it looks like she just woke up.**
  起きたばかりのようだから朝だろう。

② 誰が何をしている？ → 女性があくびをしている。

- **She is sitting on the bed yawning and stretching her arm.**
  彼女はベッドに座ってあくびをし、腕を伸ばしている。

③ より細かく具体的に → 部屋の中にあるものは？

- **The window curtains are open.**
  窓のカーテンが開いている。

- **I see a red suitcase by the wall.**
  壁のそばに赤いスーツケースが見える。

· **There is a lamp in the corner.**

隅にランプがある。

· **The bed is very large.**

ベッドがとても大きい。

4 感じたこと、気づいたこと

· **Maybe she is on a business trip.**

たぶん彼女は出張中だ。

表現のポイント

probably も maybe も日本語だと「たぶん」と訳されますが、probably は 80% ほどの確証はある場合に使われるのに対し、maybe は五分五分程度しか確証がない場合に使われます。

Training 07

ネイティブスピーカーが写真を見て作った
英文の空欄に入る単語をうめてみよう。

There is a woman who is probably in a hotel. It must be morning because she is yawning and stretching her arm. She appears to be wearing pajamas. The window (❶) are open. I guess she's in a (❷) in a large city. It also looks like she is near the coast or a harbor. I see the woman's red suitcase by the wall, so she is likely (❸). Maybe she is on a business trip. She is sitting on a very large bed, and there is a lamp in the corner.

英文の訳

　おそらくこの女性はホテルにいる。彼女はあくびをして腕を伸ばしているから、きっと朝だろう。彼女はパジャマを着ているようだ。窓のカーテンは開いている。彼女は大きな街の高層ビルにいると思う。また、彼女は海岸か港の近くにいるようにも見える。女性の赤いスーツケースが壁際に見えるから、おそらく彼女は旅行中だろう。彼女は出張中かもしれない。彼女はとても大きいベッドに座り、角にはスタンドランプがある。

●空欄の答え　❶ curtains ／ ❷ skyscraper ／ ❸ travelling　39

第 2 問

「視点のヒント」に沿って問題をやってみて、
英語で写真を描写するコツをつかみましょう。

視点のヒント

❶ 全体像 …………………… **場所は？（時間は？）**

❷ 対象の概要 ………… **誰が何をしている？　何がある？**

❸ 対象の細部 ………… **他に写真の中にあるものは？**

❹ 感想 ……………………… **感じたこと、気づいたことは？**

ヒントになる語句

iron アイロンをかける／ **hurriedly** 慌ただしく

👀···▶ 視点の流れと表現例

1 場所は? → 家庭のリビングルーム

・This is in the living room.
ここはリビングルームだ。

・A man is in his living room.
男性がリビングルームにいる。

2 誰が何をしている? → 男が電話している。

・The man is talking with someone hurriedly while looking at his watch and ironing.

男は時計を見たりアイロンをかけたりしながら誰かと急いで話している。

・The man is calling someone hurriedly, holding the phone between his head and shoulder.

男は電話を頭と肩で挟んで、急いで誰かに電話をかけている。

3 より細かく具体的に → 部屋の中にあるものは?

・Two chairs are by a table.
テーブルのそばに椅子が2脚ある。

・There is an iron in front of the man.
男性の前にアイロンがある。

- **An iron and a pair of pants are on an ironing board.**

  アイロンとズボンがアイロン台の上にある。

- **The man is using the ironing board while looking at his watch.**

  男性は時計を見ながらアイロン台を使っている。

4 感じたこと、気づいたこと

- **He is likely running late.**

  彼はおそらく遅刻している。

- **I think he wants to finish the call because he seems to have no time.**

  彼は時間がないようなので、電話を終えたいのだと思う。

表現のポイント

　while ...ing（〜している間に）は、2つの動作が同時進行で起きていることを表すのに便利な表現です。

- **He is singing while taking a shower.**

  彼はシャワーを浴びながら歌っている。

Training 08

ネイティブスピーカーが写真を見て作った
英文の空欄に入る単語をうめてみよう。

　A man is in his living room. He
looks very busy. He is (　❶　) using the
phone while (　❷　) some pants. He is
looking at his watch, so he is likely running late.
The ironing board is in front of him. Behind him
and to the left is a table with two chairs by it. Since
he is ironing some pants, he is probably not (　❸　)
any in the picture! He must be getting ready to go to
work.

英文の訳

　男がリビングルームにいる。彼はとても忙しそうに見える。彼は大急
ぎでズボンにアイロンをかける間電話を使っている。時計を見ているこ
とから、彼はおそらく遅刻している。アイロン台が彼の前にある。彼の
後ろと左には2つの椅子を携えたテーブルがある。彼はズボンにアイ
ロンをかけているので、この写真では、おそらく彼は下にズボンを履い
ていない！　彼は仕事に行く準備をしているにちがいない。

第 3 問

「視点のヒント」に沿って問題をやってみて、
英語で写真を描写するコツをつかみましょう。

視点のヒント

❶ 全体像 …………… **場所は？（時間は？）**

❷ 対象の概要 ………… **誰が何をしている？　何がある？**

❸ 対象の細部 ………… **他に写真の中にあるものは？**

❹ 感想 ……………… **感じたこと、気づいたことは？**

ヒントになる語句

take A for a walk A を散歩に連れていく／
appear to... ～のように見える／ **on a leash** リードにつながれて

👀⋯▶ 視点の流れと表現例

❶ 場所は？ → 公園

- **She is taking her dog for a walk.**
  彼女は犬を散歩に連れて行っている。

- **The woman appears to be in a park.**
  女性は公園にいるようだ。

❷ 誰が何をしている？ → 女性が犬を散歩している。

- **The woman is in a jogging suit and walking her dog on a leash.**
  女性はジョギングスーツを着て、リードにつないだ犬の散歩をしている。

❸ より細かく具体的に → 他に写真の中にあるものは？

- **There are a lot of leaves on the ground.**
  地面にはたくさん葉が落ちている。

- **They are walking down a road that goes through the leaves.**
  彼らは木の葉の間を通る道を歩いている。

- **There are some leaves on the road they are walking on.**
  彼らが歩いている道には落ち葉がいくつかある。

4 感じたこと、気づいたこと

・**She seems to be talking to her dog.**

彼女は犬と話しているようだ。

・**Both the dog and the woman appear to be smiling.**

犬も女性も笑っているように見える。

\ | /
表現のポイント

seem も appear も「〜らしい」「〜のようだ」の意味で使われます。ただ seem が話し手の主観的な判断を含めた推量を表すのに対し、appear は外見上の見え方から予想しているニュアンスとなります。

Training 09

ネイティブスピーカーが写真を見て作った
英文の空欄に入る単語をうめてみよう。

The woman appears to be in a
park. She has a dog on a leash, so she is
likely (❶) her dog for a walk. She is
wearing a jogging suit. They are walking on a road
going through leaves. A lot of (❷) leaves are
on the ground beside them. Some are on the road
too. Both the dog and the woman (❸) to be
smiling. She seems to be talking to her dog.

英文の訳

　この女性は公園にいるように見える。彼女はリードで犬をつないでい
るので、おそらく彼女は犬を散歩させている。彼女はジョッギングウェ
アを着ている。彼女らは木の葉の間を通る道を歩いている。彼らのそば
の地面には多くの落ち葉があり、道の上にもある。犬と女性は笑ってい
るように見える。女性は犬に話しかけているように思える。

ヒトを描写する②

第 **1** 問

「視点のヒント」に沿って問題をやってみて、
英語で写真を描写するコツをつかみましょう。

視点のヒント

❶ 全体像 ……………… **場所は？（時間は？）**

❷ 対象の概要 ………… **誰が何をしている？　何がある？**

❸ 対象の細部 ………… **他に写真の中にあるものは？**

❹ 感想 ………………… **感じたこと、気づいたことは？**

ヒントになる語句

fish 釣りをする／binoculars 双眼鏡／fishing pole 釣り竿／
straw hat 麦わら帽子

👀···▶ 視点の流れと表現例

1 場所は？ → 森の中

・**This seems to be in the woods.**
ここは森の中のようだ。

・**They must be in the woods.**
彼らは森の中にいるはずだ。

2 誰が何をしている？
→ 老人が釣りをしている。男の子が望遠鏡で何かを見ている。

・**An old man is fishing.**
おじいさんが釣りをしている。

・**A boy is looking at something through some binoculars.**
少年が双眼鏡で何かを見ている。

3 より細かく具体的に → 森の周囲にあるものは？

・**The straw hat is on the boy's head.**
麦わら帽子が少年の頭にのっている。

・**The box is at the foot of the boy.**
箱が少年の足元にある。

・**The boy is watching in the direction of the rod.**
少年が竿の方向を見つめている。

· The boy is looking at something over the old man's shoulder while he fishes with a fishing pole.

少年は釣り竿で釣りをしている老人の肩越しに何かを見ている。

· The old man is fishing in the foregroud of the boy.

老人は少年の前で釣りをしている。

4 感じたこと、気づいたこと

· Maybe they will eat the fish they catch.

たぶん彼らは釣った魚を食べるだろう。

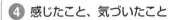

表現のポイント

接続詞の while は「〜する間に」という意味を表すことができます。下記の例文で確認してみてください。

· While I was studying for the exam, my friends were watching a movie.

私が試験の勉強をしている間、友達は映画を見ていた。

· While it was raining outside, we decided to stay indoors and play board games.

外で雨が降っている間、私たちは室内にいてボードゲームをすることにした。

· The cat hid under the bed while the thunderstorm raged outside.

猫は雷雨が外で猛威を振るっている間、ベッドの下に隠れていた。

Training 10

ネイティブスピーカーが写真を見て作った
英文の空欄に入る単語をうめてみよう。

It seems like they are in the
(❶), maybe at a lake or a pond. An old
man is fishing while the boy standing behind
looks on with some binoculars. The man is using
a red fishing pole. He is sitting in front of the boy.
The boy is wearing a (❷). The box at the boy's
feet looks like a lunchbox, but it most likely carries
some type of (❸). Maybe they will eat the fish
they catch.

英文の訳

　彼らは森の中、たぶん湖か池のところにいるように見える。男の子が
後ろに立って双眼鏡を見ている間、おじいさんは釣りをしている。おじ
いさんは赤い釣り竿を使っている。彼は男の子の前に座っている。男の
子は麦わら帽子をかぶっている。男の子の足元にある箱は弁当箱のよう
にも見えるが、きっとある種の釣り具を運ぶものだろう。たぶん彼らは
捕まえた魚を食べるだろう。

●空欄の答え　❶ woods ／ ❷ straw hat ／ ❸ fishing gear　51

第 2 問

「視点のヒント」に沿って問題をやってみて、
英語で写真を描写するコツをつかみましょう。

視点のヒント

❶ 全体像 …………………… **場所は？（時間は？）**

❷ 対象の概要 ………… **誰が何をしている？　何がある？**

❸ 対象の細部 ………… **他に写真の中にあるものは？**

❹ 感想 ……………………… **感じたこと、気づいたことは？**

ヒントになる語句

Santa hat サンタ帽／ whipped cream （泡立てた）生クリーム

◯◯⋯▶ 視点の流れと表現例

❶ 場所は？ → 台所、キッチン

・**This might be in a kitchen.**
ここは台所かもしれない。

・**I think they are in the kitchen.**
思うに彼らは台所にいるのだろう。

❷ 誰が何をしている？
　→ 女性と男の子がクリスマスケーキを作っている。

・**They are making a cake.**
彼らはケーキを作っている。

❸ より細かく具体的に → 他に部屋にあるものは？

・**They are preparing a cake near a Christmas tree.**
彼らはクリスマスツリーの近くでケーキを作っている。

・**They are putting whipped cream over a sponge cake surrounded by strawberries.**
イチゴに囲まれたスポンジケーキの上に生クリームを載せている。

・**A boy is helping his mother decorate a cake.**
男の子が母親のケーキの飾り付けを手伝っている。

・Both the mother and the boy are smiling.

母親も少年も微笑んでいる。

4 感じたこと、気づいたこと

・Since there is a Christmas tree and the boy is wearing a Santa hat, I guess it's Christmas time!

クリスマスツリーもあるし、男の子がサンタ帽をかぶっているので、
クリスマスの時期でしょうね！

表現のポイント

　現在形は「習慣的にしていること」を表すので、「今現在していること」を表すには現在進行形を用います。よって、今現在「着ている」「着用している」ことを表すには、be wearing を用います。
　また現在分詞の wearing は後ろから動詞や文全体を修飾することもできます。

・The fashion model is wearing a stunning evening gown on the runway.

ファッションモデルはランウェイで見事なイブニングドレスを着ている。

・She looked elegant wearing a beautiful evening gown.

彼女は美しいイブニングドレスを着て、優雅に見えた。

・The fashion model strutted down the runway, wearing designer clothes.

ファッションモデルは有名デザイナーの服を着てランウェイを歩いた。

Training 🔊 11

ネイティブスピーカーが写真を見て作った
英文の空欄に入る単語をうめてみよう。

A mother and her child are preparing a cake near a (❶) tree. Maybe they are in the kitchen. They are putting some whipped cream over a sponge cake surrounded by (❷). The boy is helping his mother prepare the cake. They are both holding the cream, and smiling. (❸) by the Santa hat on the boy's head and the fact that there is a Christmas tree, I'd bet it's Christmas time!

英文の訳

　お母さんと子どもがクリスマスツリーのそばでケーキを準備している。たぶん彼らはキッチンにいる。彼らは生クリームをストロベリーで囲んだスポンジケーキの上に載せている。男の子はお母さんがケーキを準備するのを手伝っている。彼らはどちらもクリームを持ち、笑っている。男の子の頭の上のサンタ帽と、クリスマスツリーがあることから、きっとこれはクリスマスの時期だと思う。

●空欄の答え　❶ Christmas ／❷ strawberries ／❸ Judging　55

第 3 問

「視点のヒント」に沿って問題をやってみて、
英語で写真を描写するコツをつかみましょう。

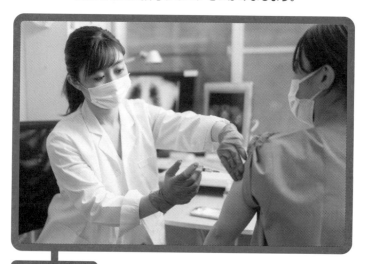

視点のヒント

❶ 全体像 ……………………… **場所は？（時間は？）**

❷ 対象の概要 ………… **誰が何をしている？　何がある？**

❸ 対象の細部 ………… **他に写真の中にあるものは？**

❹ 感想 ……………………… **感じたこと、気づいたことは？**

ヒントになる語句

patient 患者／ **shot** 注射／ **injection** 注射／
administer （薬などを）投与する／ **surgical gloves** 手術用手袋／
vaccine ワクチン／ **COVID-19** 新型コロナウイルス感染症

👀 … ▶ 視点の流れと表現例

⋮
▼

┌─────────────────────────────┐
│ ❶ 場所は? → 病院 │
└─────────────────────────────┘

・**This is probably in a hospital.**
ここはおそらく病院の中だ。

・**They might be in a hospital.**
彼らはたぶん、病院の中にいるのだろう。

┌───┐
│ ❷ 誰が何をしている? → 医者が患者に注射を打っている。 │
└───┘

・**A doctor is giving a patient a shot.**
医師が患者に注射を打っている。

・**A patient is receiving an injection.**
患者が注射をしてもらっている。

┌─────────────────────────────────────┐
│ ❸ より細かく具体的に → 部屋にあるものは? │
└─────────────────────────────────────┘

・**They are facing each other.**
彼らは向かい合っている。

・**A patient has her sleeve rolled up where the shot is being administered.**
患者は注射をする場所で袖をまくり上げている。

・**They are both wearing masks and the doctor is wearing surgical gloves.**
二人ともマスクを着用しており、医師は手術用手袋を着用している。

④ 感じたこと、気づいたこと

・Maybe the shot is actually a vaccine for COVID-19.

もしかしたらその注射は実際には新型コロナウイルス感染症（COVID-19）のワクチンなのかもしれない。

表現のポイント

「〜する」という文に対して「〜される」という意味を表すには主語＋ be 動詞＋過去分詞という形にしなければなりません。さらに進行形を使って、be 動詞＋ being ＋過去分詞の形で「今現在〜されている」という意味を表すことができます。下記の例文をご確認ください。

・The car is being repaired at the mechanic's shop.

車は修理工場で修理中です。

・The house is being renovated, so please excuse the mess.

家はリフォーム中なので、散らかっていてごめんなさいね。

・The cake is being baked in the oven and will be ready soon.

ケーキはオーブンで焼かれていて、もうすぐ完成します。

Training

ネイティブスピーカーが写真を見て作った
英文の空欄に入る単語をうめてみよう。

This is possibly in a hospital or other medical facility. A woman is (　❶　) a shot from a doctor. She has her sleeve rolled up because she is getting the shot in the (　❷　) of the upper arm. They are facing each other. Both are wearing masks and the doctor is wearing surgical gloves. Maybe it's actually a (　❸　) for COVID-19. That makes me think that this photo is quite recent.

英文の訳

　たぶんこれは病院かほかの医療施設だ。女性は医者から注射をされている。彼女は上腕筋に注射をされているので袖をまくり上げている。2人は向かい合っている。どちらもマスクをして、医者は医療用手袋をしている。そのため、たぶんこれは新型コロナのためのワクチンだろう。このことが、この写真はごく最近のものだと私に思わせる。

●空欄の答え　❶ receiving ／❷ muscle ／❸ vaccine　59

ヒトを描写する③

第 1 問

「視点のヒント」に沿って問題をやってみて、
英語で写真を描写するコツをつかみましょう。

視点のヒント

❶ 全体像 …………………… **場所は？（時間は？）**

❷ 対象の概要 …………… **誰が何をしている？　何がある？**

❸ 対象の細部 …………… **他に写真の中にあるものは？**

❹ 感想 …………………… **感じたこと、気づいたことは？**

ヒントになる語句

wipe ふく／ vacuum 電気掃除機をかける／
clean up きれいに掃除する、片づける

👀 ⋯▶ 視点の流れと表現例

---

1 場所は？ → 家庭のリビングルーム

- **This is a living room.**
  ここはリビングルームだ。

- **They are in the living room.**
  彼らはリビングルームにいる。

- **It could be the morning of a holiday.**
  休日の朝なのかもしれない。

---

2 誰が何をしている？ → 家族が掃除をしている

- **A family is cleaning their living room.**
  家族がリビングルームを掃除している。

---

3 より細かく具体的に → それぞれが何をしているのか？

- **The mother is wiping the table.**
  母親がテーブルをふいている。

- **The father is dusting the top of a shelf.**
  父親は棚の上のホコリを払っている。

- **The boy is vacuuming the floor.**
  男の子が床に掃除機をかけている。

④ 感じたこと、気づいたこと

· **I feel that the room has already been cleaned up.**

部屋はもう片づいているような気がする。

表現のポイント

clean (up) で「掃除する」を表すことができます。なお、「片づける」と言いたいときは tidy up も使えます。ここでは掃除に関する動詞をまとめておきます。

· wipe　ふく、ふき掃除をする

· dust　ホコリを払う

· vacuum　掃除機をかける

· sweep　ホウキで掃く

· mop　モップがけをする

· scrub　ゴシゴシこすって汚れを落とす

· soak　つけ置きする

Training 13

It looks like a family is cleaning their living room. It looks like it's early in the day, and the kid is (❶), so it must be a holiday or the weekend. The mother is (❷) the table. Interestingly enough, she seems to be enjoying it. The father is also smiling as he cleans the top of a shelf. The boy is (❸) the floor. Why is the mother wearing shoes in the house?!

英文の訳

　ある家族がリビングルームを掃除しているようだ。これは早朝のようで、子どもが手伝いをしているので、休日か週末にちがいない。お母さんはテーブルをふいている。興味深いことに、彼女はそれを楽しんでいるように見える。お父さんも棚の上を掃除しながら笑っている。男の子は床に掃除機をかけている。なぜお母さんは家の中で靴を履いているんだ!?

●空欄の答え　❶ helping ／❷ wiping ／❸ vacuuming　　63

第 2 問

「視点のヒント」に沿って問題をやってみて、
英語で写真を描写するコツをつかみましょう。

視点のヒント

❶ 全体像 …………………… **場所は？（時間は？）**

❷ 対象の概要 ………… **誰が何をしている？　何がある？**

❸ 対象の細部 ………… **他に写真の中にあるものは？**

❹ 感想 …………………… **感じたこと、気づいたことは？**

ヒントになる語句

lift　〜を持ち上げる／ stroller ベビーカー／ in the middle of ...
〜の真ん中に／ have a picnic ピクニックをする

👀 ┈▶ 視点の流れと表現例

1 場所は？ → 公園

· **This must be a park.**

ここは公園にちがいない。

· **I bet they are in a park.**

きっと彼らは公園にいるんだろうね。

2 誰が何をしている？ → 女性が子どもを抱きかかえている。

· **The woman is holding a baby.**

女性が赤ん坊を抱いている。

3 より細かく具体的に → 公園の芝生の上にあるものは？

· **She is lifting the baby out of the stroller.**

彼女は赤ちゃんをベビーカーから降ろしている。

· **A child is standing next to the stroller.**

子どもがベビーカーの横に立っている。

· **They are in the middle of a field.**

彼らは草原の真ん中にいる。

4 感じたこと、気づいたこと

・**This is most likely a mother with her two children.**

おそらく2人の子どもを連れた母親だろう。

・**Maybe they will have a picnic in the park.**

たぶん彼らは公園でピクニックをするのだろう。

表現のポイント

　out of... は物事がある場所から別の場所へ移動することを表す表現として広く使用されます。下記に用例を挙げます。

・**He lifted the heavy box out of the car.**

彼は重い箱を車から持ち上げた。

・**The cat jumped out of the window.**

猫が窓から飛び出した。

・**The thief stole the wallet out of his pocket.**

泥棒は彼のポケットから財布を盗んだ。

・**She managed to get out of the crowded subway train.**

彼女は混雑した地下鉄の車両から何とか抜け出した。

・**The magician pulled a rabbit out of his hat.**

マジシャンが帽子からウサギを引き出した。

Training 14

ネイティブスピーカーが写真を見て作った
英文の空欄に入る単語をうめてみよう。

This is most likely a park. It looks like a mother and her two (❶) are about to have a picnic or just enjoy the sunshine. The mom is taking her baby out of its (❷). Her other child is standing to the right of the stroller. They are (❸) of a field. This is most likely a mother with her two children. Maybe they will have a picnic in the park.

<u>英文の訳</u>

　これはまず間違いなく公園だろう。お母さんとその2人の子どもたちが、今まさにピクニックをするか、日光浴を楽しもうとしているように見える。お母さんはベビーカーからその赤ん坊を抱き上げようとしている。もうひとりの子どもはベビーカーの右側に立っている。彼らは草原の真ん中にいる。おそらく2人の子どもを連れた母親だろう。たぶん彼らは公園でピクニックをするのだろう。

●空欄の答え　❶ children ／❷ stroller ／❸ in the middle　67

第 3 問

「視点のヒント」に沿って問題をやってみて、
英語で写真を描写するコツをつかみましょう。

視点のヒント

❶ 全体像 …………………… **場所は？　時間は？**

❷ 対象の概要 …………… **誰が何をしている？　何がある？**

❸ 対象の細部 …………… **他に写真の中にあるものは？**

❹ 感想 ……………………… **感じたこと、気づいたことは？**

ヒントになる語句

on the street 路上で／microphone マイク／assistant
director 助監督／gear 道具

◎◎⋯▶ 視点の流れと表現例

❶ 場所は？ → 街頭／時間は？ → 昼間

- **This is on a street.** ここは路上だ。

- **It looks like they are in the street.**
  どうも彼らは路上にいるようだ。

- **It appears to be daytime.** 昼間のようだ。

❷ 誰が何をしている？ → 記者がインタビューしている。

- **A reporter is interviewing someone.**
  記者が誰かにインタビューしています。

- **The reporter is listening to the woman speak.**
  記者が女性の話を聞いている。

- **The interviewee is speaking into a microphone.**
  インタビューされる人がマイクに向かって話している。

❸ より細かく具体的に → 他に誰が何をしている？

- **The camerawoman is recording the interview.**
  女性カメラマンがインタビューを録画している。

- **The man next to the camerawoman could be an assistant director.**

  カメラウーマンの隣にいる男性は助監督かもしれない。

- **He is carrying a large bag that likely has gear in it.**

  彼はおそらく道具が入っているであろう大きなバッグを運んでいる。

4 感じたこと、気づいたこと

- **I wonder if the woman being interviewed is famous.**

  インタビューされている女性は有名な人なのだろうかと思う。

表現のポイント

　I wonder if... で「〜かなぁ」と疑問に思ったことを表すことができます。下記に用例を挙げます。

- **I wonder if it's going to rain tomorrow.**

  明日は雨が降るのかなぁ。

- **I wonder if they received my email.**

  彼らは私のメールを受け取ったのかなぁ。

- **I wonder if the movie is worth watching.**

  その映画は見る価値があるのかなぁ。

Training 🔊 15

ネイティブスピーカーが写真を見て作った
英文の空欄に入る単語をうめてみよう。

This is taking place outside on a
street. It seems like a large city. I guess it's
sometime during the afternoon. A reporter is
(❶) a woman, who is currently speaking into
the microphone. The camerawoman is recording
the interview. The man (❷) her might be the
assistant director. He is carrying a large bag that
probably has camera gear or other important things
in it. (❸) the woman being interviewed is
famous.

英文の訳

　これは戸外の路上で行われている。大きな都市であるようだ。これは
午後のことだと思う。レポーターは今マイクに向かって話している女性
にインタビューをしている。カメラマンの女性はインタビューを収録し
ている。彼女の隣の男性はアシスタントディレクターなのかもしれない。
彼は、おそらくカメラの用具や他の大事なものが入っている大きなバッ
グを抱えている。インタビューされている女性は有名な人なのだろうか
と思う。

●空欄の答え ❶ interviewing ／❷ next to ／❸ I wonder if　71

状況を描写する①

第 1 問

「視点のヒント」に沿って問題をやってみて、
英語で写真を描写するコツをつかみましょう。

視点のヒント

❶ 全体像 …………………… **場所は？（時間は？）**

❷ 対象の概要 ………… **誰が何をしている？　何がある？**

❸ 対象の細部 ………… **他に写真の中にあるものは？**

❹ 感想 …………………… **感じたこと、気づいたことは？**

ヒントになる語句

Japanese-style bar 居酒屋／ skewer 串焼き／
at the back 後ろの／ chat おしゃべりする／
toward the front 前の方の／ diagonally 斜めに、対角線上に

👀 ⋯▶ 視点の流れと表現例

⋮

1 場所は？ → 居酒屋

・**This is a Japanese-style bar.**
ここは居酒屋だ。

・**This looks like a Japanese-style bar.**
ここは居酒屋のようだ。

2 誰が何をしている？
→ 飲み屋の主人が料理を作っている。客が食事をしている。

・**The cook is preparing some food.**
料理人が料理を作っている。

・**The customers are enjoying their food and drinks.**
利用客が料理や酒を楽しんでいる。

3 より細かく具体的に → 他に居酒屋の様子は？

・**They are eating some skewers like the ones the cook is preparing.**
料理人が用意しているような串焼きを人々が食べている。

・**The customers at the back are chatting.**
後ろの客が談笑している。

・**The customers toward the front are eating quietly.** 前の方の客は黙々と食べている。

- The quiet customers are sitting diagonally from the cook.

  静かにしている客たちは料理人の斜めの位置に座っている。

- Coats are hanging on the wall.

  コートが壁に掛かっている。

- The cook and other staff member are on the other side of the counter.

  カウンターの向こう側には料理人と他のスタッフがいる。

④ 感じたこと、気づいたこと

- The quiet customers at the front may not know each other.

  手前にいる静かな客はお互いを知らないかもしれない。

表現のポイント

　本文に登場した表現を含む「位置関係を表す表現」を下記のようにまとめておきます。

- The customers toward the front were the first to be seated.　前方にいるお客様が最初に席に座った。

- The server attended to the customers at the back of the restaurant.

  給仕人がレストランの奥にいるお客様に対応した。

- The customer is paying on the other side of the counter.　顧客がカウンターの向こう側でお金を払っている。

- Please sit diagonally across from me at the dinner table.　夕食のテーブルで私の斜め向かいに座ってください。

Training 16

ネイティブスピーカーが写真を見て作った
英文の空欄に入る単語をうめてみよう。

This looks like a Japanese-style bar. The cook is making some (❶), which it seems the customers are enjoying eating. They are also enjoying drinks. The customers at the back are (❷), while the other customers are eating (❸). The quiet customers at the front may not know each other. The cooks are behind a counter. They serve food to the customers over the counter. There are coats on the wall, which tells me it's cold outside.

英文の訳

　これは居酒屋のように見える。料理人は串焼きを焼いていて、客はそれを食べて楽しんでいるように思える。彼らは酒も楽しんでいる。奥の客はおしゃべりしていて、他の客は静かに食べている。手前の静かな客たちは知り合いではないのかもしれない。料理人はカウンターの後ろにいる。彼らはカウンター越しに客に食べ物を提供している。壁にはコートがかけてあり、外は寒いのだということを教えてくれる。

第 2 問

「視点のヒント」に沿って問題をやってみて、
英語で写真を描写するコツをつかみましょう。

視点のヒント

❶ 全体像 ……………… **場所は？（時間は？）**

❷ 対象の概要 ………… **誰が何をしている？　何がある？**

❸ 対象の細部 ………… **他に写真の中にあるものは？**

❹ 感想 ………………… **感じたこと、気づいたことは？**

ヒントになる語句

sticky note 付箋／**hand sanitizer** 手指の消毒液／
partition 間仕切り／**hijab** ヒジャブ（イスラム教徒の女性が用いる頭部を覆うスカーフ）

👀 ···▶ 視点の流れと表現例

1 場所は? → 会議室

・**This is likely taking place in a conference room.**

おそらく会議室で行われていると思われる。

・**This could be a conference room.**

ここは会議室かもしれない。

2 誰が何をしている? → 社員がリモート会議をしている。

・**Employees are having a meeting over a webcam.**

従業員がウェブカメラ越しに会議をしている。

・**They are having an online meeting now.**

彼らは今オンライン会議を行っている。

3 より細かく具体的に → 会議室の中にあるものは?

・**There is a partition separating the two employees.**

従業員2名を隔てるパーティションがある。

・**The person in the top right corner of the screen appears to be wearing a hijab.**

画面右上の人物はヒジャブをかぶっているように見える。

- **There is some hand sanitizer on the desk.**
  机の上に手指消毒液がいくつかある。

- **Some sticky notes have been placed at the top of the partition.**
  パーティションの上部には付箋がいくつか貼られている。

④ 感じたこと、気づいたこと

- **It might be a pretty large company.**
  これはかなり大規模な会社なのかもしれない。

＼ ｜ ／

表現のポイント

over には「〜の上に（の）」という基本的な意味の他に、「〜越しに」という意味があります。ここでいくつか用例を確認しておきましょう。

- **They had a conversation over the phone.**
  彼らは電話で（越しに）会話をした。

- **She looked at me over her cup of tea.**
  彼女はお茶のカップ越しに私を見た。

- **He passed the print to me over the conference table.**
  彼は会議テーブル越しにプリントを私に手渡した。

Training 🔊 17

ネイティブスピーカーが写真を見て作った
英文の空欄に入る単語をうめてみよう。

 This is (❶) taking place in
a conference room. Employees are having
a meeting online over a webcam. The
two people sitting at the table are (❷) by a
partition. There are some sticky notes at the top of
the partition, and some supplies and hand (❸)
on the table. The person that appears the largest on
the screen is speaking. The person in the top right
corner of the screen appears to be wearing a hijab. It
might be a pretty large company.

英文の訳

 これはたぶん会議室で行われている。社員はウェブカメラ越しにオン
ラインで会議をしている。テーブルについている2人の人物はパーティ
ションで隔てられている。パーティションの上部には付箋がいくつか貼
られていて、テーブルの上には備品や手指の消毒液がある。画面に一番
大きく現れている人物が話しているところだ。画面の右上角の人はヒ
ジャブを身につけているように見える。かなり大規模な会社なのかもし
れない。

●空欄の答え ❶ likely ／❷ separated ／❸ sanitizer　　79

第 3 問

「視点のヒント」に沿って問題をやってみて、
英語で写真を描写するコツをつかみましょう。

視点のヒント

❶ 全体像 ……………… **場所は？（時間は？）**

❷ 対象の概要 ………… **誰が何をしている？　何がある？**

❸ 対象の細部 ………… **他に写真の中にあるものは？**

❹ 感想 ………………… **感じたこと、気づいたことは？**

ヒントになる語句

outdoors 屋外で／ have a barbeque バーベキューをする／
grill the meat 肉を焼く

👀···▶ 視点の流れと表現例

① 場所は？ → 屋外

- **This is outdoors.**
  これは屋外だ。

- **They are outdoors.**
  彼らは屋外にいる。

② 誰が何をしている？ → 人々がバーベキューをしている。

- **They are having a barbeque.**
  彼らはバーベキューをしている。

③ より細かく具体的に → 他に写真の中にあるものは？

- **Two people have drinks in their hands.**
  2人は手に飲み物を持っている。

- **One man is grilling the meat with a large fork.**
  1人の男が大きなフォークで肉を焼いている。

- **A woman wearing sunglasses is pointing at the meat.**
  サングラスをかけた女性が肉を指差している。

- **Party animals are hovering around a grill.**
  パーティー大好きな人々がグリルの周りをウロウロしている。

- **The man to the right has his arm around the woman wearing sunglasses.**
  右側の男性がサングラスをかけた女性に腕を回している。

- **Smoke can be seen coming off the grill.**
  グリルから煙が出ているのが確認できる。

4 感じたこと、気づいたこと

- **I bet the meat is almost ready.**
  きっと肉はほとんど焼けていると思う。

表現のポイント

have ＋イベント名で、何かの活動やイベントを開催することを表現することができます。以下に用例を挙げます。

- **We're going to have a party at our house next weekend.** 来週末に家でパーティーを開きます。

- **She decided to have a break and take a vacation.** 彼女は休憩を取り、休暇を取ることにした。

- **I need to have a haircut. My hair is getting too long.** 髪を切らないといけない。髪が長くなり過ぎている。

Training 🔊 18

ネイティブスピーカーが写真を見て作った
英文の空欄に入る単語をうめてみよう。

These people are outdoors. It looks like they are having a barbecue. The hungry party animals are (❶) around the grill. One guy is grilling the meat. He is using a large fork. The man to the right has his arm around the woman (❷) sunglasses. She is pointing at the meat. They are both (❸) drinks. Some smoke can be seen coming off the grill, so I bet the meat is almost ready.

英文の訳

　この人たちは屋外にいる。彼らはバーベキューをしているようだ。おなかをすかせたパーティー好きたちがグリルの周りをウロウロしている。1人の男性が肉を焼いている。彼は大きなフォークを使っている。右側の男性はサングラスの女性に腕を回している。彼女は肉を指差している。彼らは2人とも飲み物を持っている。グリルからいくらか煙が出てきているのが見受けられるので、きっと肉はほとんど焼けていると思う。

●空欄の答え　❶ hovering ／❷ wearing ／❸ holding　　83

状況を描写する②

「視点のヒント」に沿って問題をやってみて、
英語で写真を描写するコツをつかみましょう。

視点のヒント

❶ 全体像 …………………… **場所は？（時間は？）**

❷ 対象の概要 ……………… **誰が何をしている？　何がある？**

❸ 対象の細部 ……………… **他に写真の中にあるものは？**

❹ 感想 ……………………… **感じたこと、気づいたことは？**

ヒントになる語句

passenger 乗客／**railing** 手すり

👀⋯▶ 視点の流れと表現例

1 場所は？ → 電車

・**They must be on a train.**
彼らは電車に乗っているはずだ。

・**They are riding a train.**
彼らは電車に乗っている。

2 誰が何をしている？ → たくさんの乗客が乗っている。

・**There are many passengers on the train.**
電車にはたくさんの乗客が乗っている。

3 より細かく具体的に → 他に車内にあるものは？

・**This car is crowded.**
この車内は混んでいる。

・**Some people are standing while others are sitting.**
立っている人もいるし、座っている人もいる。

・**Everyone is looking at a smartphone or other device.**
みんなスマホや他のデバイスを見ている。

- **At the far end of the car, a few passengers are holding on to the railing.**

  車両の一番端で、数人の乗客が手すりにつかまっている。

4 感じたこと、気づいたこと

- **I bet the inside of the car is very quiet.**

  車内はとても静かなんでしょうね。

表現のポイント

at the far end of... で「〜の一番端、〜の突き当たり」という位置関係を表すことができます。下記に用例を挙げます。

- **The bookstore is located at the far end of the street.**

  書店はその通りの一番端に位置している。

- **The conference room is at the far end of the hallway.**

  会議室は廊下の一番端にある。

- **The hotel's pool is at the far end of the garden.**

  ホテルのプールは庭の一番端にある。

Training 19

ネイティブスピーカーが写真を見て作った
英文の空欄に入る単語をうめてみよう。

Many passengers are riding a
train. The car is (❶), as it looks like
every seat is taken. Some passengers are
standing up and holding on to the (❷), while
all the others are sitting. Everyone is looking at a
smartphone or other (❸). Since everyone is
focused on their screens, I bet it's pretty quiet in
there!

英文の訳

多くの乗客が電車に乗っている。車両は混んでいて、すべての座席が
うまっているように見える。立ちながら手すりをつかんでいる乗客もい
る一方で、他の乗客はみんな座っている。みんなスマートフォンや他の
機器を見ている。みんな画面に集中しているので、車内はきっととても
静かだろうな！

●空欄の答え　❶ crowded ／❷ railing ／❸ device　87

第 2 問

「視点のヒント」に沿って問題をやってみて、
英語で写真を描写するコツをつかみましょう。

視点のヒント

❶ 全体像 ……………… **場所は？（時間は？）**

❷ 対象の概要 ………… **誰が何をしている？　何がある？**

❸ 対象の細部 ………… **他に写真の中にあるものは？**

❹ 感想 ………………… **感じたこと、気づいたことは？**

ヒントになる語句

garbage disposal area ゴミ捨て場／
garbage collection area ゴミ集積場／ **throw** 投げ込む

👀 ⋯▶ 視点の流れと表現例

① 場所は？ → ゴミ収集車／時間は？ → 朝

- **I guess this is a garbage disposal area.**

  ここはゴミ捨て場かな。

- **I guess this would be a garbage collection area.**

  ここはゴミ集積所なのだろう。

- **This is likely in the morning.**

  おそらく午前中だ。

② 誰が何をしている？ → 作業員がゴミ袋を集めている。

- **The garbage man is collecting the garbage bags.**

  ゴミ収集人がゴミ袋を回収している。

③ より細かく具体的に → 他にゴミ収集場にあるものは？

- **The man collecting the garbage bags is wearing a helmet.**

  ゴミ袋を回収している男性はヘルメットをかぶっている。

- **There is a garbage truck stopped near him.**

  彼の近くにゴミ収集車が止まっている。

- Some bags can be seen inside the truck.

トラック内にゴミ袋がいくつか見られる。

- The man will throw some more bags into the truck.

男はさらにいくつかの荷物をトラックに投げ込むつもりだ。

4 感じたこと、気づいたこと

- He will add them to the other bags that are already in the blue garbage truck behind him.

彼は背後の青いゴミ収集車にすでにある他のゴミ袋に、そのゴミ袋を加えるだろう。

表現のポイント

will は「私はこうするつもりだ」という意志や「私はこうなると思う」という予想を表すことができます。ここでは「予想」を表す will の用例を下記に挙げます。

- I think it will rain tomorrow.

明日は雨が降ると思う。

- I'm sure they will enjoy the concert.

彼らはきっとそのコンサートを楽しむでしょう。

- He will probably be late for the meeting.

彼はおそらくミーティングに遅れるでしょう。

Training 20

ネイティブスピーカーが写真を見て作った
英文の空欄に入る単語をうめてみよう。

I guess this would be a garbage collection area. A garbage man (**❶**) collecting a few garbage bags. He will add them to the other bags that are already in the blue garbage truck (**❷**) him. The man is wearing a white helmet with blue stripes on it. Garbage collection (**❸**) happens in the morning, so I bet it's pretty early in the morning.

英文の訳

　これはゴミ収集場だと思う。ゴミ収集員が数個のゴミ袋を収集しているのが見られる。彼は背後の青いゴミ収集車にすでにあるほかのゴミ袋に、そのゴミ袋を加えるだろう。男性は青い縞の入った白いヘルメットをかぶっている。ゴミ収集はたいてい朝にあるから、きっとこれはけっこう朝早い時間だと思う。

第 3 問

「視点のヒント」に沿って問題をやってみて、
英語で写真を描写するコツをつかみましょう。

視点のヒント

❶ 全体像 …………………… 場所は？（時間は？）

❷ 対象の概要 ………… 誰が何をしている？　何がある？

❸ 対象の細部 ………… 他に写真の中にあるものは？

❹ 感想 ……………………… 感じたこと、気づいたことは？

ヒントになる語句

stuffed animal 動物のぬいぐるみ／ **hang** つるす、かける／
yell 怒鳴る／ **decorative** 装飾用の

👀 ···▶ 視点の流れと表現例

① 場所は？ → 子ども部屋／時間は？ → 日中

· This is most likely a child's room.
ここはおそらく子ども部屋だろう。

· It appears to be during the day.
日中のようだ。

② 部屋の中には何がある？ → ベッド、机、棚など。

· A bed, desk, shelf, some pictures and stuffed animals are in the room.
部屋にはベッド、机、棚、数枚の絵画、ぬいぐるみがある。

③ より細かく具体的に→その他、部屋の何がどうなっている？

· It seems the bed has not been made.
ベッドメイキングがされていないようだ。

· The child didn't make their bed in the morning.
子どもは朝ベッドメイキングをしなかった。

· Three pictures are hanging on the wall.
壁に3枚の絵がかかっている。

· Two stuffed animals are next to the bed.
ぬいぐるみが2つベッドの横にある。

・**One stuffed animal is on a shelf.**
ぬいぐるみが1つ棚の上にある。

・**The brown stuffed bear is on the floor.**
茶色いクマのぬいぐるみが床に置かれている。

4 感じたこと、気づいたこと

・**One of the kid's parents will surely yell, "Make your bed!".**
その子の親の1人はきっと「ベッドメイクをしなさい！」と怒鳴るだろう。

・**Maybe it's for hanging decorative blankets.**
おそらく装飾用のブランケットをかけるためのものかもしれない。

表現のポイント

　on の基本的なイメージは、ある物が他の物の表面に位置していることです。物体が上に載っている、または接している状態を表し、水平な面や垂直な面の上に物が存在する状況を指します。位置関係を表す on の用例を以下に挙げます。

・**The cat is sleeping on the bed.**
　猫はベッドの上で眠っている。

・**The painting is hanging on the wall.**
　絵画が壁にかかっている。

・**The spilled milk is forming a puddle on the floor.**
　こぼれた牛乳が床に水たまりを作っている。

Training 🔊 21

ネイティブスピーカーが写真を見て作った
英文の空欄に入る単語をうめてみよう。

This appears to be a child's
bedroom. The bed hasn't been made. One
of the kid's parents will surely yell, "Make
your bed!". There are three (❶) animals in
the room. One is at the foot of the bed on the floor,
one is on the shelf, and (❷) is on the chair.
Three cool pictures are on the wall. They look like
drawings. There (❸) be a large ladder in
between the shelf and the writing desk. Maybe it's
for hanging decorative blankets.

英文の訳

　これは子どもの寝室に見える。ベッドメイクはされていない。両親の
うちひとりは間違いなく「ベッドメイクをしなさい！」と怒鳴るだろう。
この部屋の中には3つのぬいぐるみがある。1つ目は床の上でベッドの
足元にあり、2つ目はベッドの隣の椅子の中にあり、3つ目は棚の上に
ある。3つのおしゃれな絵が壁にかけてある。これらはスケッチのよう
に見える。棚と勉強机の間に大きなはしごがあるようだ。たぶんこれは
装飾用のブランケット（膝掛けなどに使うスローとブランケットの合成
語であるスローケットのこと）をかけるためのものだろう。

位置を表す表現のいろいろ

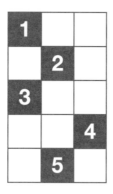

上　above

下　below

　上の図の、1から5までの数字の位置を、どのように表すことができるのか、見てみましょう。

① **1 is** in the top left-hand corner.

　1は左側の一番上の角です。

② **2 is** in the middle of the second row from the top.

　2は上から2番目の横の列の真ん中です。

③ **3 is** at / on the left end of the third row from the bottom / top (...left end of the middle row).

　3は下から / 上から3列めの左端です
　（真ん中の列の左側です）

④ **4 is** at / on the right end of the second row from the bottom.

　4は下から2番目の列の右端です。

⑤ **5 is** at the bottom of the middle column.

　5は真ん中の縦の列の一番下です。

Part 2
イラスト編

第 1 問

「視点のヒント」に沿って問題をやってみて、
英語でイラストを説明するコツをつかみましょう。

**視点の
ヒント**

❶ 全体像 ………………… **何のメニュー？**

❷ 対象の概要 ………… **何が書いてある？**

❸ 対象の細部 ………… **他に何が書いてある？**

❹ 感想 …………………… **感じたこと、気づいたことは？**

ヒントになる語句

patty パティ、小さなパイ／ **veggie** 野菜／
Marguerita マルゲリータ／ **pepperoni** ペパロニ

👀 ‥‥▶ 視点の流れと表現例

┊

1 何の店？ → ファーストフード

- It says "Fast Food Menu".

  「ファーストフードメニュー」と書いてある。

- It must be a menu at a fast food restaurant.

  きっとファーストフード店のメニューだろう。

2 何が書いてある？ → ハンバーガー、ピザ、ホットドッグ

- There are three sections—burgers, pizza and hot dogs.

  ハンバーガー、ピザ、ホットドッグの 3 つのセクションがある。

3 より細かく具体的に → メニューの詳細は？

- They have burgers with three kinds of patties—beef, chicken and veggie.

  ビーフ、チキン、野菜の 3 種類の具が入ったハンバーガーがある。

- There are three types of pizza—Marguerita, pepperoni and salami.

  ピザはマルゲリータ、ペパロニ、サラミの 3 種類。

- There are just two hot dog choices— Chicago Dog and New York Dog.

ホットドッグの選択肢はシカゴドッグとニューヨークドッグの 2 つだけだ。

> **4** 感じたこと、気づいたこと

- I wonder if there's a choice of toppings for each kind of burger.

バーガーの種類ごとにトッピングが選べるのかな。

- The prices seem very high for fast food.

ファーストフードにしては値段がとても高いように思える。

表現のポイント

　写真の描写ではなく、図やイラストの説明を英語でする場合もコツは同じです。まず、そのイラストが何を示しているのか全体像について言及し、大まかな概要を説明。その後、イラストから読み取れる具体的な詳細についてふれていきましょう。途中あるいは最後に、イラストから読み取った事実に対する感想や気づきについてコメントすることもお忘れなく。

Training （🔊 22）

ネイティブスピーカーが写真を見て作った
英文の空欄に入る単語をうめてみよう。

It says "Fast Food Menu," so it must be a
menu at a fast food restaurant.
There are three sections—(　❶　), pizza
and hot dogs. They have burgers with three kinds
of patties—beef, chicken and veggie. I wonder if
there's a choice of toppings for each kind of burger.
There are three types of pizza—(　❷　),
pepperoni and salami. Those are really basic
options, but that's OK—I love marguerita pizza.
There are just two hot dog choices—Chicago Dog
and New York Dog. The (　❸　) seem very high
for fast food—is the food that good?

英文の訳

　「Fast Food Menu」と書いてあるので、ファーストフード店のメ
ニューなのでしょう。ハンバーガー、ピザ、ホットドッグの３つのセ
クションがある。ハンバーガーの具はビーフ、チキン、ベジタブルの３
種類。バーガーの種類ごとにトッピングが選べるのかな。ピザはマルゲ
リータ、ペパロニ、サラミの３種類。基本的な選択肢だけど、それで
OK。ぼくはマルゲリータのピザが大好き。ホットドッグはシカゴドッ
グとニューヨークドッグの２種類だけ。ファーストフードにしては値
段がとても高いように思えるけど、食べ物はそんなにおいしいのだろう
か？

●空欄の答え　❶ burgers ／❷ Marguerita ／❸ prices　　101

第 2 問

「視点のヒント」に沿って問題をやってみて、
英語でイラストを説明するコツをつかみましょう。

視点の ヒント	❶ 全体像 ……………	何のメニュー？
	❷ 対象の概要 …………	何が書いてある？
	❸ 対象の細部 …………	他に何が書いてある？
	❹ 感想 …………………	感じたこと、気づいたことは？

ヒントになる語句

gastropub ガストロパブ。レストランとバーを兼ねた飲食店／
spirit 蒸留酒／**separate menu** 別メニュー

👀 ⋯▶ 視点の流れと表現例

1 何の店？ → ガストロパブ

・ The menu says "gastropub".
メニューには「ガストロパブ」と書かれている。

2 何が書いてある？ → ジン、ウィスキー、カクテル

・They have draft beer, and it looks like they have a variety of bottled beers.
生ビールもあり、瓶ビールもいろいろあるようだ。

・They also have spirits—strong drinks like whiskey and gin—and cocktails.
蒸留酒、つまりウィスキーやジンなどの強い酒や、カクテルもある。

3 より細かく具体的に → 他に書いてあることは？

・The pub opened in 1896—over 120 years ago!
このパブは 1896 年にオープンした、何と 120 年以上前！

・They have happy hour every day.
店では毎日ハッピーアワーをやっている。

4 感じたこと、気づいたこと

· I'm curious about the specialty drinks—
are they the pub's original recipes?

特製ドリンクが気になるのだが、パブのオリジナルレシピなのだろう
か？

· This menu only has drinks, so there must
be a separate food menu.

このメニューはドリンクのみなので、別途フードメニューがあるはずだ。

表現のポイント

They have ＋メニュー名の羅列というパターンを使うことで、
お店で提供しているメニューに言及することができます。

· They have California roll, spicy tuna roll, and
salmon avocado roll.

彼らはカリフォルニアロール、スパイシーツナロール、サーモンアボカド
ロールを提供しています。

Training ◀) 23

ネイティブスピーカーが写真を見て作った
英文の空欄に入る単語をうめてみよう。

CASTROPUB

The menu says "gastropub," so it's probably a pub with a good chef. They have beer on tap, and it looks like they have a variety of (❶). They also have spirits—strong drinks like whiskey and gin—and cocktails. I'm curious about the specialty drinks—are they the pub's original (❷)? The pub opened in 1896—over 120 years ago! That's impressive. This menu only has drinks, so there must be a separate food menu. I'd really like to know what kinds of dishes they serve. They have happy hour every day, so I'll ask my friends (❸).

英文の訳

メニューには "ガストロパブ" とあるので、腕のいいシェフがいるパブなのだろう。生ビールもあるし、ボトルビールもいろいろあるようだ。蒸留酒、つまりウィスキーやジンのような強いお酒や、カクテルもある。スペシャリティドリンクに興味があるけど、パブのオリジナルレシピなのだろうか。このパブは 1896 年、つまり 120 年以上前にオープン！すごいね。このメニューはドリンクだけだから、別のフードメニューがあるのだろう。どんな料理があるのかぜひ知りたい。毎日ハッピーアワーがあるので、友達に行くかどうか聞いてみよう。

●空欄の答え　❶ bottled beers ／❷ recipes ／❸ if they want to go

第 3 問

「視点のヒント」に沿って問題をやってみて、
英語でイラストを説明するコツをつかみましょう。

**視点の
ヒント**

❶ 全体像 ……………………… **何のメニュー？**

❷ 対象の概要 ………… **何が書いてある？**

❸ 対象の細部 ………… **他に何が書いてある？**

❹ 感想 …………………… **感じたこと、気づいたことは？**

ヒントになる語句

extra toppings 追加トッピング／ **fried chicken** 鶏の唐揚げ／
fried chicken wings 鶏の手羽先

👀···▶ 視点の流れと表現例

1 何の店？ → 日本料理店

・This is a Japanese restaurant.
ここは日本料理店だ。

2 何が書いてある？ → ラーメン、餃子 etc

・The restaurant mainly serves ramen, plus a few side dishes like gyoza.
ラーメンがメインで、餃子などのサイドメニューもある。

3 より細かく具体的に → どんなラーメンがある？

・The four types of ramen on the menu are standard types in Japan.
メニューにある4種類のラーメンは日本で定番のラーメンだ。

・They also offer extra toppings, the same as in Japan.
日本と同じように追加トッピングもある。

・They have both karaage(fried chicken) and fried chicken wings.
鶏の唐揚げと手羽先がある。

④ 感じたこと、気づいたこと

・**Shoyu ramen is my favorite.**

醤油ラーメンが一番好きだ。

・**Spicy ramen sounds good, too.**

辛口ラーメンもおいしそうだ。

・**Japanese food is definitely more expensive in other countries.**

日本食は他の国では間違いなく高価だ。

表現のポイント

　They have ＋メニュー名のパターンには、such as（次のような、などの）や including（〜を含む）を使った用例もあります。まず They have... の後でそのフードのカテゴリーを言い切った後、such as や including に続けて具体的なメニューを列挙する形になります。

・**They have a selection of gourmet burgers,** such as the classic cheeseburger, BBQ bacon burger, and mushroom Swiss burger.

クラシックチーズバーガー、BBQ ベーコンバーガー、マッシュルームスイスバーガーなど、選りすぐりの豪華バーガーを提供しています。

・**They have a variety of sushi rolls,** including California roll, spicy tuna roll, and salmon avocado roll.

カリフォルニアロール、スパイシーツナロール、サーモンアボカドロールなど、様々な寿司ロールを提供しています。

Training

ネイティブスピーカーが写真を見て作った
英文の空欄に入る単語をうめてみよう。

 This is a Japanese restaurant that mainly serves ramen, plus a few side dishes like gyoza. The four types of ramen on the menu are standard types in Japan. Shoyu ramen is my (❶). Spicy ramen sounds good, too. They also offer extra (❷), the same as in Japan. They have both karaage (fried chicken) and fried chicken wings. $11.90 for ramen! Japanese food is (❸) more expensive in other countries. But I've been wanting to eat ramen, so I'd like to try this place.

英文の訳

　これはラーメンをメインにし、餃子などのサイドメニューもある日本食レストランだ。メニューにある4種類のラーメンは日本で定番のもの。私が大好きなのが醤油ラーメン。辛口ラーメンもおいしそう。追加トッピングもあるのは日本と同じだ。鶏の唐揚げも手羽先もある。ラーメンに11.90ドル！　海外では間違いなく日本食の方が高い。でも、ラーメンを食べたいと思っていたので、この店に行ってみたい。

●空欄の答え　❶ favorite ／❷ toppings ／❸ definitely　109

ポスターを説明する

第 1 問

「視点のヒント」に沿って問題をやってみて、
英語でイラストを説明するコツをつかみましょう。

**視点の
ヒント**

❶ 全体像 …………… **何のポスター？**

❷ 対象の概要 ………… **何が書いてある？**

❸ 対象の細部 ………… **他に何が書いてある？**

❹ 感想 ……………… **感じたこと、気づいたことは？**

ヒントになる語句

hold 開催する／ film 映画／ fun 楽しい

👀⋯▶ 視点の流れと表現例

1 何のポスター？ → 映画会

· This seems to be a poster for a movie screening event.

映画上映会のポスターだと思われる。

2 どんなイベント？ → 映画の上映会

· It's kind of like a party where movies are shown.

映画を上映するパーティーのようなものだ。

3 より細かく具体的に → どんなことが起こる？

· This event is free, and they're going to have popcorn and drinks.

このイベントは無料で、ポップコーンとドリンクが提供される。

· The poster doesn't say where it's being held.

ポスターにはどこで開催されるかは書かれていない。

・It looks like several films will be shown.

いくつかの映画が上映されるようだ。

4 感じたこと、気づいたこと

・They used to have events like this at my university.

私の大学でもこのようなイベントがよくあったよ。

・It looks like it might be fun.

このイベントは楽しそうだ。

・I want to know what movies they're showing.

どんな映画を上映しているのか知りたいな。

・I don't want to stay out too late, so maybe I'll just see one movie.

あまり遅くまで外に出ていたくないので、映画を 1 本だけ見ようかな。

\ ｜ /
表現のポイント

They used to...（彼らはよく〜したものだ）は、過去に行われていたある行動や状態を表現するために使われます。過去の習慣や状況を述べる際によく使われます。

・They used to watch movies at the cinema, but now they prefer streaming movies online.

以前は映画館で映画を見ていましたが、今はオンラインでストリーミングの映画を見るのを好むようになりました。

Training 25

ネイティブスピーカーが写真を見て作った
英文の空欄に入る単語をうめてみよう。

This seems to be a poster for a movie screening event. They used to have events like this at my university. It's kind of like a party (❶) movies are shown. This event is free, and they're going to have popcorn and drinks. It looks like it might be fun. The poster doesn't say where it's being (❷). I'll call and ask. I also want to know what movies they're (❸). It looks like several films will be shown. I don't want to stay out too late, so maybe I'll just see one movie.

英文の訳

　これは映画の上映イベントのポスターのようだ。私の大学でもよくこういうイベントがあった。映画を上映するパーティーのようなものだ。このイベントは無料で、ポップコーンと飲み物が出るらしい。楽しそうだね。ポスターにはどこで開催されるのか書いてないけど。電話して聞いてみよう。どんな映画が上映されるのかも知りたい。何本か上映されるようだ。あまり遅くまで外出していたくないから、1本だけ観ようかな。

●空欄の答え　❶ where ／❷ held ／❸ showing　113

第 2 問

「視点のヒント」に沿って問題をやってみて、
英語でイラストを説明するコツをつかみましょう。

視点の
ヒント

❶ 全体像 ……………… **何のポスター?**

❷ 対象の概要 ………… **何が書いてある?**

❸ 対象の細部 ………… **他に何が書いてある?**

❹ 感想 ………………… **感じたこと、気づいたことは?**

ヒントになる語句

midway 催し会場。市やカーニバルでショーなどの娯楽を行う場所／
vendor 販売業者

◎◎…▶ 視点の流れと表現例

1 何のポスター? → サマーカーニバル

・**There's going to be a summer carnival.**

サマーカーニバルが開催される。

2 どんなイベント? → イベントの概要は?

・**It's going on for six days, from July 1st to the 6th.**

7月1日から6日までの6日間開催される。

3 より細かく具体的に → 他に書いてあることは?

・**They're going to have a midway with rides and other attractions.**

乗り物やその他のアトラクションが催し会場にできるようだ。

・**There will be food and drinks for sale.**

食べ物や飲み物の販売もある。

・**Admission is 12 dollars.**

入場料は 12 ドルだ。

④ 感じたこと、気づいたこと

- I haven't been to a carnival since I was in high school.

  私は高校生のとき以来カーニバルに行っていない。

- I wonder what kinds of food the "specialty food vendors" sell.

  「こだわりの屋台」ではどんな食べ物を売っているのだろうか。

- Maybe I'll ask my friends if they want to go.

  友達に行きたいか聞いてみるかも知れない。

- Carnivals are more fun at night.

  カーニバルは夜の方が楽しい。

表現のポイント

　There's going to... は、一般的な予定や計画されたイベントなどについて述べる際に使用される便利な表現です。特定のイベントや状況が確実に起こることを示すときに使われます。

- There's going to be a party at my house tomorrow.

  明日、私の家でパーティーが開かれる予定です。

Training 26

ネイティブスピーカーが写真を見て作った
英文の空欄に入る単語をうめてみよう。

　There's going to be a summer carnival.
I haven't (❶) a carnival since I was
in high school. It's going on for six days,
from July 1st to the 6th. They're going to have a
midway with rides and other (❷). Of course,
there will be food and drinks for sale. I wonder
what kinds of food the "specialty food vendors" sell.
It's probably hot dogs and French fries and stuff like
that. (❸) is 12 dollars. That's not bad. Maybe
I'll ask my friends if they want to go. I hope it goes
into nighttime—carnivals are more fun at night.

英文の訳

　夏のカーニバルがあるんだ。カーニバルに行くのは高校生のとき以来
だ。7月1日から6日までの6日間行われる。会場では乗り物や他の
アトラクションがあるんだ。もちろん、食べ物や飲み物も売られる。「名
物屋台」はどんな食べ物を売るんだろう。おそらくホットドッグとかフ
ライドポテトとか、そんなものだろう。入場料は12ドル。悪くないね。
友達に行くかどうか聞いてみようかな。夜になってからの方がいいね。
カーニバルは夜の方が楽しいからね。

●空欄の答え ❶ been to ／❷ attractions ／❸ Admission　　117

第 3 問

「視点のヒント」に沿って問題をやってみて、
英語でイラストを説明するコツをつかみましょう。

**視点の
ヒント**

❶ 全体像 ……………… **何のポスター？**

❷ 対象の概要 ………… **何が書いてある？**

❸ 対象の細部 ………… **他に何が書いてある？**

❹ 感想 ………………… **感じたこと、気づいたことは？**

ヒントになる語句

various 様々な／**vegetarian** ベジタリアン、菜食主義者

👀 ···▶ 視点の流れと表現例

1 何のポスター？ → バーベキューパーティ

・**This looks like a barbecue party.**

これはバーベキューパーティーのようだ。

2 何が書いてある？ → イベントの会場は？　日程は？

・**The event will be held on June 23rd at "Your Country Farm."**

イベントは「あなたの田舎農園」で 6 月 23 日に開催される。

3 より細かく具体的に → 他にどんなことが書いてある？

・**It says "all you can eat for 20 dollars a person."**

「1 人 20 ドルで食べ放題」と書いてある。

・**A "hog roast" is a barbecue where a whole pig is cooked outdoors.**

「豚ロースト」とは、豚を丸ごと屋外で焼くバーベキューのことだ。

④ 感じたこと、気づいたこと

・**That must be a place with various activities for visitors.**

きっとそこは訪れる人にとって様々なアクティビティを提供する場所なのだろう。

・**It might not appeal to my vegetarian friends, though.**

でもベジタリアンの友人には気に入らないかもしれない。

表現のポイント

It says...（〜だと書いてある）という表現は、新聞記事、看板、パンフレット、指示書、ウェブサイトなどの情報源からの引用や参照を述べる場合によく使われます。

・It says on the sign that the store is closed today.

看板には、今日は店が閉まっていると書いてある。

Training 27

ネイティブスピーカーが写真を見て作った
英文の空欄に入る単語をうめてみよう。

　This looks like a barbecue party.
A "hog roast" is a barbecue where a whole
pig is cooked outdoors. I think it's an old
tradition (　❶　) U.S. The event will be held on
June 23rd at "Your Country Farm." That must be a
place with various activities for visitors. It says "all
you can eat for (　❷　) dollars a person." Is the
price the same for everyone? Little kids don't eat
very much. A hay ride sounds like fun. Maybe I can
get a group together to go there. It might not appeal
to my (　❸　) friends, though.

英文の訳

　バーベキューパーティーのようだ。"ホッグ・ロースト"とは、豚を丸ごと一頭、屋外で焼くバーベキューのこと。それはアメリカ南部の古い慣習だと思う。6月23日に「あなたの田舎農園」で開催される。来場者向けに様々なアクティビティが用意されている場所にちがいない。"1人20ドルで食べ放題"と書いてある。みんな同じ値段なんですか？小さい子どもはあまり多く食べないけど。干し草に乗るのは楽しそうだ。グループで行ってみようかな。ベジタリアンの友達には不評かもしれないけど。

第 ❶ 問

「視点のヒント」に沿って問題をやってみて、
英語でイラストを説明するコツをつかみましょう。

視点の ヒント		
	❶ 全体像 …………………	**何のチケット?**
	❷ 対象の概要 …………	**何が書いてある?**
	❸ 対象の細部 …………	**他に何が書いてある?**
	❹ 感想 …………………	**感じたこと、気づいたことは?**

ヒントになる語句

clown ピエロ、道化師／ venue 開催地／admission charge
入場料／ trapeze 空中ブランコ／ grownup 大人、成人

👀⋯▶ 視点の流れと表現例

① 何のチケット？ → サーカスのチケット

· This looks like a circus ticket.

これはサーカスのチケットのようだ。

② 何が書いてある？ → 日程は？

· They're holding a circus on August 15th, starting at 10 a.m.

8月15日午前10時からサーカスが開催される予定だ。

③ より細かく具体的に → 他に何が書いてある？

· It says there will be various types of circus acts, including magicians and clowns.

マジシャンやピエロなど、様々な種類のサーカスの演技が行われる。

· The venue isn't shown on the ticket, and neither is the admission charge.

チケットには会場は記載されておらず、入場料も記載されていない。

④ 感じたこと、気づいたこと

・I wonder if there will be trapeze artists, too.

空中ブランコのアーティストも出てくるのかな。

・Anyway, it sounds fun for kids—and for grownups, too.

とにかく、子どもにとっても、そして大人にとっても楽しそう。

表現のポイント

　情報を追加し、文の意味を補完する効果のある分詞構文 (...ing) は、物事を描写するときだけでなく、説明するときにも便利な表現です。英文をより生き生きとさせ、読み手に臨場感を与えることができます。下記にいくつか用例を挙げておきます。

・They're organizing a music festival next month, featuring popular bands from around the country.

来月、全国から人気のあるバンドが出演する音楽フェスティバルが開催される。

・They're hosting a film screening event on October 10th, showcasing a lineup of critically acclaimed movies.

10月10日に映画上映イベントが開催され、評価の高い映画のラインナップが披露される。

Training 🔊 28

ネイティブスピーカーが写真を見て作った
英文の空欄に入る単語をうめてみよう。

This looks like a circus ticket.
They're (❶) a circus on August 15th,
starting at 10 a.m. It says there will be
various types of circus acts, including magicians
and clowns. I wonder if there will be (❷)
artists, too. The venue isn't shown on the ticket, and
neither is the admission charge. Anyway, it sounds
fun for kids—and for (❸), too.

英文の訳

　これはサーカスのチケットのようだ。8月15日の午前10時からサーカスを開催するそうだ。マジシャンやピエロなど、様々な種類のサーカスの演技があると書いてある。空中ブランコもあるのかな。チケットには会場がどこかも入場料も書かれていない。とにかく、子どもにとっても、大人にとっても楽しそうだ。

●空欄の答え　❶ holding ／❷ trapeze ／❸ grownups　125

第 2 問

「視点のヒント」に沿って問題をやってみて、
英語でイラストを説明するコツをつかみましょう。

ART GALLERY

MODERN ART
EXHIBITION
14 NOV.
$5.00 · FULL TICKET
No 012345

ADMIT ONE
No 012345

視点の
ヒント

❶ 全体像 ……………… **何のチケット?**

❷ 対象の概要 ………… **何が書いてある?**

❸ 対象の細部 ………… **他に何が書いてある?**

❹ 感想 ………………… **感じたこと、気づいたことは?**

ヒントになる語句

exhibition 展示、展覧会／ admission fee 入場料／
sculpture 彫刻

👀 …▶ 視点の流れと表現例

━━━━━━

① 何のチケット? → アートギャラリー

・This is a ticket for an art gallery.

これはアートギャラリーのチケットだ。

② 何が書いてある? → 日程などの概要は?

・There's going to be a modern art exhibition on November 14th.

現代アート展が 11 月 14 日に開催される。

③ より細かく具体的に → 入場料などの詳細は?

・The admission fee is five dollars.

入場料は 5 ドルである。

④ 感じたこと、気づいたこと

・I wonder what the exhibition hours are.

展示時間は何時までなのか気になる。

・The ticket doesn't show details, but there will probably be interesting paintings and sculptures.

チケットには詳細が記載されていないが、おそらく興味深い絵画や彫刻があるだろう。

- **Maybe it's a large gallery.**
  大きなギャラリーなのかもしれない。

表現のポイント

I wonder what... は、自分が疑問に思う点や不確かな点がある
ことを表現する際に使われます。

- **I wonder what time the concert starts.**
  コンサートは何時に始まるのか気になります。

- **I wonder what she meant by that comment.**
  彼女がそのコメントで何を言おうとしたのか気になります。

Training 🔊 29

ネイティブスピーカーが写真を見て作った
英文の空欄に入る単語をうめてみよう。

This is a ticket for an art gallery.
There's going to be a modern art exhibition
on November 14th. I wonder what the
(❶) hours are. The ticket doesn't show details,
but there will probably be interesting paintings and
sculptures. The admission fee is five dollars—that
sounds (❷). Does "full ticket" mean you can
visit the entire gallery with this ticket? Maybe it's
a large gallery. It looks like (❸) to spend the
day.

英文の訳

　これはアートギャラリーのチケットです。11 月 14 日にモダンアー
トの展覧会があるんだ。展示時間は何時から何時までだろう。チケット
には詳細が書かれていないが、おそらく興味深い絵画や彫刻が展示され
るのだろう。入場料は 5 ドルなので、それほど高くないと思う。「フル
チケット」ということは、このチケットでギャラリーを全部回れるとい
うことだろうか。大きなギャラリーなのかもしれない。1 日過ごすには
良さそうだ。

●空欄の答え　❶ exhibition ／❷ reasonable ／❸ a nice way　129

第 3 問

「視点のヒント」に沿って問題をやってみて、
英語でイラストを説明するコツをつかみましょう。

視点の
ヒント

❶ 全体像 ……………… **何のチケット?**

❷ 対象の概要 ………… **何が書いてある?**

❸ 対象の細部 ………… **他に何が書いてある?**

❹ 感想 ……………… **感じたこと、気づいたことは?**

ヒントになる語句

baseball game 野球の試合／ **reserved seat** 指定席

👀 ⋯▶ 視点の流れと表現例

1 何のチケット? → 野球

・**This is a ticket to a baseball game.**

これは野球の試合のチケットだ。

2 何が書いてある? → 日程や場所などの概要は?

・**It's going to be held at the Central City Arena on February 15th.**

2 月 15 日にセントラルシティアリーナで開催される。

3 より細かく具体的に → 他に何が書いてある?

・**Team A and Team B in the Champion's League will be playing.**

チーム A とチーム B がチャンピオンズリーグで対戦する。

・**This is a reserved seat ticket.**

これは指定席のチケットだ。

4 感じたこと、気づいたこと

・**I'm guessing the games are popular.**

この試合は人気があるのだろうね。

- Going to a baseball game sounds like fun.

野球の試合に行くのは楽しそうだ。

- February is early in the year for baseball, isn't it?

2月は野球には早いね。

表現のポイント

I'm guessing... は、話し手が推測や予想を述べるときに使われる表現です。単なる思いつきに近いニュアンスを含む I guess... よりも確信度が高いときに使わるようです。また、I'm guessing... がその場限りの推測や予想を示す一方で、I guess... はより習慣的な予想や個人的な意見を表現する場合に使われます。

- I'm guessing the concert tickets sold out quickly given the high demand.

需要の高さが考えられたので、そのコンサートのチケットはすぐに売り切れたのだと思います。

Training 30

ネイティブスピーカーが写真を見て作った
英文の空欄に入る単語をうめてみよう。

This is a ticket to a baseball game.
It's (　❶　) at the Central City
Arena on February 15th. Team A and Team B
in the Champion's League will be playing. The
Champion's League might be a local baseball
league. But this is a (　❷　) ticket, so I'm (　❸　)
the games are popular. February is early in the year
for baseball, isn't it? Maybe it's an area with a warm
climate. Anyway, going to a baseball game sounds
like fun.

英文の訳

　野球観戦チケットです。試合は 2 月 15 日にセントラルシティアリー
ナで開催される。チャンピオンズリーグの A チームと B チームが対戦
します。このチャンピオンズリーグは、地元の野球リーグかもしれない。
でも、これは指定席のチケットだから、人気のある試合なのだろう。2
月って野球には早いですよね。温暖な地域なのかもしれない。とにかく、
野球観戦に行くのは楽しそうだ。

●空欄の答え　❶ going to be held ／❷ reserved seat ／❸ guessing　133

第 ① 問

「視点のヒント」に沿って問題をやってみて、
英語でイラストを説明するコツをつかみましょう。

視点の ヒント	❶ 全体像 ……………………	**何のチケット?**
	❷ 対象の概要 …………	**何が書いてある?**
	❸ 対象の細部 …………	**他に何が書いてある?**
	❹ 感想 ……………………	**感じたこと、気づいたことは?**

ヒントになる語句

one-way trip 片道旅行／ **be scheduled for** 〜に予定されている／ **stressful** ストレスの多い、精神的に疲れる

👀⋯▶ 視点の流れと表現例

❶ 何のチケット? → 航空券

· This is a plane ticket for a man named James Doe.

これはジェームズ・ドゥという名の男性の航空券だ。

❷ 何が書いてある? → 出発地や目的地は?

· It seems like he will be taking a one-way trip to Alaska from Texas.

彼はテキサスからアラスカへ片道旅行をするようだ。

❸ より細かく具体的に → 出発時間は?

· The flight is early in the morning.

フライトは早朝である。

· The flight is scheduled for August.

フライトは8月に予定されている。

❹ 感じたこと、気づいたこと

· I bet Alaska is nice during the summer.

アラスカって夏は気持ちいいんでしょうね。

· Texas is really hot in August.

8月のテキサスは本当に暑い。

- **I usually don't like early-morning flights.**
  私は早朝のフライトがあまり好きではない。

- **I have a difficult time waking up early.**
  私は早起きするのが苦手だ。

- **A 7:10 a.m. flight seems really stressful!**
  朝 7 時 10 分のフライトは本当にストレスがたまりそう！

表現のポイント

be scheduled for... という表現は、予定されていることやスケジュールに組み込まれていることを表す際に使われます。主語に対して特定のイベントや行動が予定されていることを示し、その詳細や日時を後に続けて述べます。

- **The flight is scheduled for departure at 3 p.m.**
  そのフライトは午後 3 時に出発予定です。

- **The concert is scheduled for next week on Friday.**
  そのコンサートは来週の金曜日に予定されています。

- **The meeting is scheduled for tomorrow morning at 9 a.m.**
  その会議は明日の朝 9 時に予定されています。

Training 31

ネイティブスピーカーが写真を見て作った
英文の空欄に入る単語をうめてみよう。

   This is a plane ticket for a man named
James Doe. It (❶) he will be taking
a one-way trip to Alaska from Texas. The
flight is early in the morning. It (❷) August,
so maybe he is going for a summer trip. I bet Alaska
is nice during the summer. Texas is really hot in
August, so he is probably (❸) about going to
a cooler place. I usually don't like early-morning
flights. I have a difficult time waking up early, and
we have to arrive at the airport early to check in our
bags. A 7:10 a.m. flight seems really stressful!

英文の訳

　これはジェームズ・ドゥという男の航空券だ。テキサスからアラス
カに片道で行くようだ。早朝便である。フライトは8月の予定なので、
夏の旅行に行くのかもしれない。夏のアラスカは気持ちいいだろうね。
テキサスは8月は本当に暑いから、おそらく涼しいところに行くのが
楽しみなんだろう。たいていは早朝のフライトは苦手なんだ。早起きが
苦手だし、荷物を預けるために空港に早く着かなければならない。朝7
時10分のフライトは本当にストレスになりそうだ！

第 2 問

「視点のヒント」に沿って問題をやってみて、
英語でイラストを説明するコツをつかみましょう。

AIRLINE COMPANY ✈			AIRLINE COMPANY ✈
Name of passenger	SEQ	AIRLINE COMPANY ✈	Name of passenger SEQ
FROM	FLIGHT	DATE	
			FROM FLIGHT DATE
TO	CLASS	SEAT NO	TO CLASS SEAT NO
GATE	BOARDING TIME	TIME	GATE BOARDING TIME TIME
GATE CLOSES 15 MINUTES BEFORE DEPARTURE			

AIRLINE COMPANY ✈			AIRLINE COMPANY ✈
Name of passenger JON/JACKSON	SEQ 064	AIRLINE COMPANY ✈	Name of passenger SEQ JON/JACKSON 064
FROM Bangkok	FLIGHT 0612	DATE 30 MAR	
			FROM FLIGHT DATE
			Bangkok 0612 30 MAR
TO Dubai	CLASS economy	SEAT NO 10D	TO CLASS SEAT NO
			Dubai economy 10D
GATE 16	BOARDING TIME 1145	TIME 1215	GATE BOARDING TIME TIME
			16 1145 1215
GATE CLOSES 15 MINUTES BEFORE DEPARTURE			

視点の ヒント

❶ 全体像 ……………… **何のチケット？**

❷ 対象の概要 ………… **何が書いてある？**

❸ 対象の細部 ………… **他に何が書いてある？**

❹ 感想 ………………… **感じたこと、気づいたことは？**

ヒントになる語句

pretty かなり／ **prefer to...** むしろ～の方を好む／ **climate** 気候

👀 ⋯▶ 視点の流れと表現例

⋮
▼

> ① 何のチケット？ → 航空券

・**This looks like a plane ticket.**

これは飛行機のチケットのようだ。

> ② 何が書いてある？ → バンコクからドバイ行きのチケット

・**A man named Jon Jackson is flying from Bangkok to Dubai.**

ジョン・ジャクソンという名前の男性がバンコクからドバイへ飛行機で
行く予定だ。

> ③ より細かく具体的に → チケットの種類は？　日程は？

・**It seems to be a one-way trip.**

片道の旅らしい。

・**The flight is scheduled for March.**

フライトは3月に予定されている。

> ④ 感じたこと、気づいたこと

・**That is a pretty long flight!**

かなり長いフライトだ！

・**I don't really enjoy flying.**

私は飛行機に乗るのがあまり好きではありません。

· Maybe he has family or friends living in Dubai.

おそらく彼の家族や友人がドバイに住んでいるのかもしれない。

· Airports are usually very crowded and noisy.

空港は通常非常に混雑しており、騒々しい。

· I prefer a warm climate, so I would love to visit Bangkok and Dubai!

温暖な気候が好きなので、バンコクやドバイに行ってみたい！

表現のポイント

This looks like... は、話し手が自分の観察や感想を述べる際に使われる表現です。

· This looks like fun! Let's give it a try.

これは楽しそうですね！やってみましょう。

· This looks like trouble. We should be cautious.

これはトラブルの兆候ですね。注意が必要です。

· This looks like a bargain. I should buy it now.

これはお買い得のようですね。今すぐ買うべきです。

Training 🔊 32

ネイティブスピーカーが写真を見て作った
英文の空欄に入る単語をうめてみよう。

　This looks like a plane ticket. A man named Jon Jackson is (　❶　) from Bangkok to Dubai. That is a pretty long flight! It seems to be a (　❷　), so maybe he lives in Thailand. He could also be going for business reasons since the flight is scheduled for March, which isn't a busy time of the year. I prefer a warm climate, so I (　❸　) visit Bangkok and Dubai! But I don't really enjoy flying. Packing and carrying luggage is stressful. Also, airports are usually very crowded and noisy.

英文の訳

　これは航空券のようだ。ジョン・ジャクソンという男性がバンコクからドバイへ飛ぶ。かなり長いフライトだ！ 片道のようなので、タイに住んでいるのかもしれない。フライトは混む時期ではない3月に予定されているので、ビジネスで行くのかもしれない。私は暖かい気候が好きなので、バンコクやドバイに行ってみたい！ でも、飛行機はあまり好きではない。荷造りや荷物の持ち運びがストレスになる。また、空港はたいていとても混んでいてうるさい。

第 3 問

「視点のヒント」に沿って問題をやってみて、
英語でイラストを説明するコツをつかみましょう。

視点の ヒント	❶ 全体像	何のチケット?
	❷ 対象の概要	何が書いてある?
	❸ 対象の細部	他に何が書いてある?
	❹ 感想	感じたこと、気づいたことは?

ヒントになる語句

round trip 往復旅行／ocean 海、海洋／businessman 実業家／
celebrity 有名人

👀 ⋯▶ 視点の流れと表現例

⋮

---

1 何のチケット？ → 往復の航空券

・**These are round trip airline tickets.**

これは往復の航空券だ。

---

2 何が書いてある？→ロンドンからニューヨークまでの航空券

・**A man named James Doe is flying from London to New York, then back to London.**

ジェームズ・ドゥという名前の男性がロンドンからニューヨークまで飛行機で行き、その後ロンドンに戻る。

---

3 より細かく具体的に → 時間帯は？　チケットの種類は？

・**His first flight from London is early in the morning.**

ロンドンからの最初のフライトは早朝だ。

・**It says he is flying first class.**

彼はファーストクラスに乗ると書いてある。

---

4 感じたこと、気づいたこと

・**He will have to wake up really early!**

彼はめちゃくちゃ早く起きなければなりません！

· **This will be a very long flight over the ocean.**

これは海を越えた非常に長いフライトになるでしょう。

· **He must be a businessman, or maybe he's a celebrity!**

彼は実業家か、あるいは有名人にちがいない。

表現のポイント

must be（〜にちがいない）は、話し手があることに自信を持ち、ほぼ確実な結論を出す際に使われます。また、推量や仮定に基づいて断定的な意見を述べる際にも使われます。

· He must be exhausted.

彼は疲れ果てているにちがいない。

· He must be a skilled musician.

彼は熟練した音楽家であるにちがいない。

· She must be a qualified candidate for the position.

彼女はそのポジションに適任の候補者であるにちがいない。

Training 33

ネイティブスピーカーが写真を見て作った
英文の空欄に入る単語をうめてみよう。

These are round trip airline tickets. A man named James Doe is flying from London to New York, then back to London. His first flight from London is (❶), so he will have to wake up really early! I (❷) hate that… This will be a very long flight over the ocean. I hope he can sleep a lot or watch lots of cool movies. If he is going for business reasons, maybe he will work on the plane too. Oh! It says he is flying first class. He must be a businessman, or maybe he's a (❸)!

英文の訳

これは往復航空券である。ジェームズ・ドゥという男性がロンドンからニューヨークへ飛び、その後ロンドンに戻る。ロンドンからの最初のフライトは早朝なので、彼は本当に早起きしなければならない！ 私ならいやだな……。海を越えるとても長いフライトになる。たくさん寝るなり、すてきな映画をたくさん見るなりしてほしい。ビジネスで行くのなら、飛行機の中でも仕事をするかもしれない。あ！ ファーストクラスに乗ると書いてある。ビジネスマンにちがいない。それともセレブかな！

●空欄の答え　❶ early in the morning／❷ would／❸ celebrity　145

第 ❶ 問

「視点のヒント」に沿って問題をやってみて、
英語でイラストを説明するコツをつかみましょう。

視点の
ヒント

❶ 全体像 …………………… **何の見取図？**

❷ 対象の概要 …………… **どこに何がある？**

❸ 対象の細部 …………… **部屋の構造は？　家具の配置は？**

❹ 感想 …………………… **感じたこと、気づいたことは？**

ヒントになる語句

consist of... ～で構成される／entrance 玄関／
refrigerator 冷蔵庫／rug 敷物、じゅうたん

👀 ⋯▶ 視点の流れと表現例

1 何の見取図？→ 1 つの大きな部屋で構成されている居室

・This apartment consists mainly of one large room.

この居室は主に 1 つの大きな部屋だけで構成されている。

2 どこに何がある？ → キッチン、バス、クローゼット etc

・The unit bath and closet are next to the entrance.

玄関横にユニットバスとクローゼットがある。

・There is a kitchen area and a place to put a refrigerator.

キッチンエリアと冷蔵庫を置く場所がある。

3 より細かく具体的に → 部屋の構造は？　家具の配置は？

・Passing two doors takes you into the main, large room.

2 つのドアを通過すると、メインの大きな部屋に入る。

・The room needs to be used as a dining, living and bedroom all at once.

その部屋はダイニング兼リビング兼寝室として同時に使用する必要がある。

- **The man in the picture has a bed placed at the back of the apartment, next to the balcony window.**

図面の男性はアパートの裏側、バルコニー側の窓の隣にベッドを置いている。

> **4 感じたこと、気づいたこと**

- **He uses the center of the room as a living space.**　彼は部屋の中央を居住スペースとして使用している。

- **There is a TV on the left wall and a desk on the right wall.**

左側の壁にテレビ、右側の壁に机がある。

- **It looks like there is a large rug in the center of the floor.**

床の中央に大きな敷物が敷かれているように見える。

表現のポイント

　consists of...（〜で構成されている）は、物事が構成要素や部分から成り立っていることを表すために使われる表現です。

- **The salad consists of lettuce, tomatoes, and cucumbers.**

そのサラダはレタス、トマト、キュウリでできている。

- **The committee consists of five members.**

その委員会は 5 人のメンバーで構成されている。

- **The recipe consists of flour, eggs, milk, and sugar.**　そのレシピには小麦粉、卵、牛乳、砂糖が含まれている。

Training

(34)

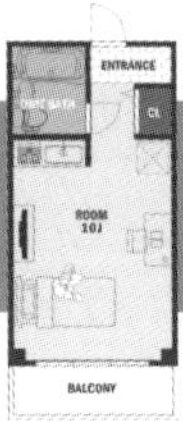

ネイティブスピーカーが写真を見て作った英文の空欄に入る単語をうめてみよう。

This apartment (❶) one large room. The unit bath and closet are next to the entrance. Passing those two doors takes you into the main, large room. There is a kitchen area and a place to put a refrigerator. The room needs to be used as a dining, living and bedroom all at once. The man in the picture has a bed placed at the back of the apartment, (❷) the balcony window. He uses the center of the room as a living space. There is a TV on the left wall and a desk on the right wall. It looks like there is a large rug (❸) the floor.

英文の訳

この居室は主に１つの大きな部屋で構成されている。ユニットバスとクローゼットは玄関の隣にある。その２つのドアを通ると、メインの広い部屋になる。台所のスペースと冷蔵庫置き場がある。その部屋はダイニング、リビング、ベッドルームとして同時に使う必要がある。図面の男性はアパートの奥、バルコニー側の窓の横にベッドを置いている。彼は部屋の中央をリビングスペースとして使っている。左の壁にはテレビがあり、右の壁には机がある。床の中央には大きなラグが敷かれているようだ。

●空欄の答え　❶ consists mainly of ／❷ next to ／❸ in the center of

第 2 問

「視点のヒント」に沿って問題をやってみて、
英語でイラストを説明するコツをつかみましょう。

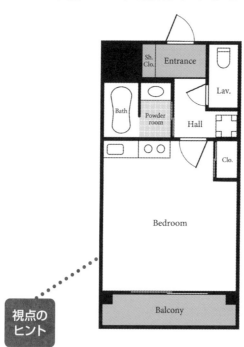

視点の
ヒント

❶ 全体像 …………………… **何の見取図？**

❷ 対象の概要 ………… **どこに何がある？**

❸ 対象の細部 ………… **部屋の構造は？　家具の配置は？**

❹ 感想 …………………… **感じたこと、気づいたことは？**

ヒントになる語句

separate 仕切る、切り離す／ **place** 置く

👀⋯▶ 視点の流れと表現例

❶ 何の見取図？ → ワンルーム

・**This is a one-room apartment.**

こちらはワンルームマンションだ。

❷ どこに何がある？ → キッチンは？ クローゼットは？

・**There is a small kitchen space and closet in the main room.**

メインルームには小さなキッチンスペースとクローゼットがある。

❸ より細かく具体的に → 部屋の構造は？

・**The main room and the front section of the apartment are separated by a door.**

メインルームと居室の前部がドアで仕切られている。

・**This allows more privacy when a guest is using the bathroom or toilet.**

これにより、ゲストがバスルームやトイレを使用する際のプライバシーがもっと確保される。

④ 感じたこと、気づいたこと

・**I would place my bed next to the balcony window.**

私ならバルコニー側の窓の隣にベッドを置く。

・**I would also like to put a big TV on the left wall, and a large sofa on the right wall.**

左側の壁に大きなテレビ、右側の壁に大きなソファを置きたいと思う。

表現のポイント

I would...（私なら〜する）は、話し手がイメージを膨らませて想像や仮定を述べる際に使われる表現です。

・**I would place my desk next to the coffee machine.**

私ならコーヒー・マシンの隣に机を置くね。

・**I would start my own busines.**

私なら起業するね。

・**I would travel the world and explore different cultures.**

私なら世界中を旅して、異なる文化を探索するね。

Training 35

ネイティブスピーカーが写真を見て作った
英文の空欄に入る単語をうめてみよう。

This is a one-room apartment. It's nice that the main room and the front section of the apartment are (❶) by a door. This allows more privacy when a guest is using the bathroom or toilet. The door can also block the sound of the laundry machine, which would be installed (❷) the bathroom. There is a small kitchen space and closet in the main room. I would place my bed next to the balcony window. (❸) also like to put a big TV on the left wall, and a large sofa on the right wall.

英文の訳

　ワンルームのアパートだ。メインの部屋とアパートの前の部分がドアで仕切られているのがいい。これにより、ゲストがバスルームやトイレを使用する際のプライバシーが確保される。また、トイレの隣に設置される洗濯機の音もドアで遮ることができる。メインルームには小さなキッチンスペースとクローゼットがある。バルコニーの窓の横にベッドを置く。左の壁には大きなテレビ、右の壁には大きなソファを置きたい。

●空欄の答え　❶ separated ／ ❷ next to ／ ❸ I would　153

第 **3** 問

「視点のヒント」に沿って問題をやってみて、
英語でイラストを説明するコツをつかみましょう。

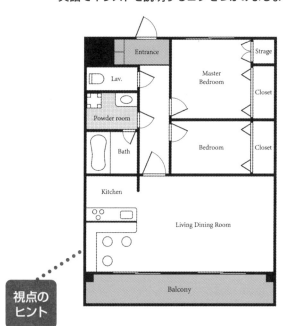

視点の
ヒント

❶ 全体像 ……………… **何の見取図？**

❷ 対象の概要 ………… **どこに何がある？**

❸ 対象の細部 ………… **部屋の構造は？　家具の配置は？**

❹ 感想 ………………… **感じたこと、気づいたことは？**

ヒントになる語句

hallway 廊下／ on the other side of... ～の反対側に／
meal 食事／ have ... over ～を招待する

👀⋯▶ 視点の流れと表現例

❶ 何の見取図? → 2LDK

・**This apartment is what is called a 2LDK.**

このマンションはいわゆる 2LDK だ。

❷ どこに何がある?→寝室、リビング、ダイニング、キッチン

・**The room has two bedrooms, a living and dining space, and a kitchen.**

部屋には寝室が 2 つ、リビングとダイニング、それにキッチンがある。

❸ より細かく具体的に → 部屋の構造は?

・**A small hallway connects the entrance to the two bedrooms and living room.**

小さな廊下が入り口と、2 つの寝室とリビングをつなげている。

・**The dining space is on the other side of the kitchen space, separated by a counter.**

ダイニングはキッチンの反対側にあり、カウンターで区切られている。

④ 感じたこと、気づいたこと

· **There is a lot of room to relax and enjoy a meal.**

リラックスして食事を楽しむことができる空間がたくさんある。

· **If I lived here, I would have friends over every weekend!**

もしここに住んでいたら、私なら毎週末友達を呼ぶだろうね！

表現のポイント

前述したように I would...（私なら〜する）は、話し手がイメージを膨らませて想像や仮定を述べる際に使う表現ですが、このとき仮定や条件を表す if（もし〜だったら）とともに用いられることも多いです。

· **If I had the time, I would learn to play the piano.**

時間があったら、私ならピアノを習うね。

· **If I had enough capital, I would start my own business.**

十分な資本があったら、私なら起業するね。

· **I would travel the world if given the opportunity.**

機会が与えられるなら、私だったら世界中を旅するね。

Training 🔊 36

ネイティブスピーカーが写真を見て作った
英文の空欄に入る単語をうめてみよう。

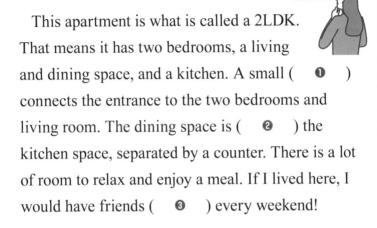

　This apartment is what is called a 2LDK.
That means it has two bedrooms, a living
and dining space, and a kitchen. A small (　❶　)
connects the entrance to the two bedrooms and
living room. The dining space is (　❷　) the
kitchen space, separated by a counter. There is a lot
of room to relax and enjoy a meal. If I lived here, I
would have friends (　❸　) every weekend!

英文の訳

　このマンションはいわゆる2LDK。つまり、ベッドルームが2つと、
リビングダイニングスペースとキッチンがある。玄関から2つのベッ
ドルームと、リビングまでは小さな廊下でつながっている。ダイニング
スペースはキッチンスペースの向かい側にあり、カウンターで仕切られ
ている。くつろいで食事を楽しむスペースがたくさんある。ここに住ん
だら、毎週末、友人を招くことになるだろう！

●空欄の答え　❶ hallway ／ ❷ on the other side of ／ ❸ over　157

第 1 問

下記の地図を参考に、ピンが差してある現在位置から
学校（School）までの行き方を説明してください。

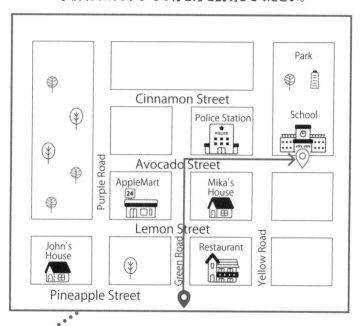

視点の
ヒント

❶ 全体像 …………… **どこに行く？　目的地は？**

❷ 対象の概要 ………… **今いる場所は？**

❸ 対象の細部 ………… **具体的な道順は？**

ヒントになる語句

at the corner of... 〜の角に／ **take a left** 左折する

👀 ⋯▶ 視点の流れと表現例

1 どこに行く？ → 学校

・ **Let's get to school.**

学校に行きましょう。

2 今いる場所は？ → レストランの隣

・**You are now at the corner of Pineapple Street and Green Road, next to the restaurant.**

あなたは今パイナップルストリートとグリーンロードの角、レストランの隣にいます。

3 より細かく具体的に → 手順は？　どうやって行く？

・**First, go straight down Green Road and turn right on Avocado Street, after Mika's house.**

まずグリーンロードを直進し、ミカの家の先でアボカドストリートを右折してください。

・**Then, take a left onto Yellow Road, and the school will be on your right.**

その後、イエローロードを左折すると、学校が右側にあります。

表現のポイント

Let's get to...（～に行きましょう）は、ある目的地に向かうことを提案したり、向かうよう促す際に使われる表現です。

- Let's get to **the platform on time.**

  時間通りに駅のホームに行きましょう。

- Let's get to **our seats quickly.**

  素早く席に行きましょう。

- Let's get to **the meeting room before it starts.**

  会議が始まる前に会議室に行きましょう。

Training 37

ネイティブスピーカーが写真を見て作った
英文の空欄に入る単語をうめてみよう。

Let's (❶) school. You are now at the
corner of Pineapple Street and Green Road,
(❷) the restaurant. First, go straight
down Green Road and turn right on Avocado Street,
after Mika's house. Then, (❸) onto Yellow
Road, and the school will be on your right.

英文の訳

　学校に行きましょう。あなたは今、パイナップルストリートとグリー
ンロードの角、レストランの隣にいます。まず、グリーンロードを直進
し、ミカの家の先のアボカドストリートに着いたら右折します。そして
イエローロードを左折すると、右手に学校が見えてきます。

●空欄の答え　❶ get to ／❷ next to ／❸ take a left　161

第 2 問

下記の地図を参考に、ピンが差してある現在位置から
レストラン（Restaurant）までの行き方を説明してください。

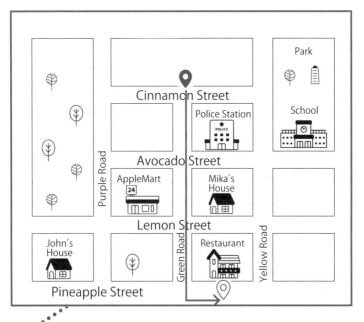

視点の ヒント	❶ 全体像 …………………… どこに行く？　目的地は？
	❷ 対象の概要 ………… 今いる場所は？
	❸ 対象の細部 ………… 具体的な道順は？

ヒントになる語句

police station 警察署／ **first** まず／ **turn left** 左折する

👀 ⟶ 視点の流れと表現例

① 目的地は？ → レストラン

· Time to go to the restaurant.

レストランに行く時間です。

② 今いる場所は？ → 警察署の近く

· You are now on the corner of Cinnamon Street and Green Road, near the police station.

あなたは今警察署の近くのシナモンストリートとグリーンロードの角にいます。

③ より細かく具体的に → 手順は？　どうやって行く？

· First, go straight down Green Road.

まずはグリーンロードを直進してください。

· You will see AppleMart on your right and Mika's house on your left.

右手にアップルマート、左手にミカの家が見えます。

· Keep going until you reach Pineapple Street, then turn left.

パイナップルストリートに到達するまで進み、それから左折してください。

・The restaurant will be on your left.

レストランは左手にあります。

表現のポイント

　ここでは、道案内の際に使える表現を下記のようにまとめておきます。

・Go staight for... ～を直進してください。

・Go past... ～を通り過ぎてください。

・Go down this way. この方向に行ってください。

・Keep going until... ～まで進み続けてください。

・Turn right / left on... ～の角を右折（左折）してください。

・Cross the road. その道を渡ってください。

・After you pass... ～を通り過ぎた後で

・You will see... ～が見えるでしょう。

Training 38

ネイティブスピーカーが写真を見て作った
英文の空欄に入る単語をうめてみよう。

　Time to go to the restaurant. You are now

(**❶**) Cinnamon Street and Green Road,

near the police station.

(**❷**) Green Road. You will see AppleMart

on your right and Mika's house on your left. Keep

going (**❸**) you reach Pineapple Street, then

turn left. The restaurant will be on your left.

英文の訳

　レストランに行く時間です。あなたは今、シナモンストリートとグリーンロードの角で、警察署の近くにいます。グリーンロードをまっすぐ進んでください。右手にアップルマート、左手にミカの家が見えます。そのままパイナップルストリートまで進み、左に曲がります。レストランは左手にあります。

第 3 問

下記の地図を参考に、ピンが差してある現在位置から
学校（School）までの行き方を説明してください。

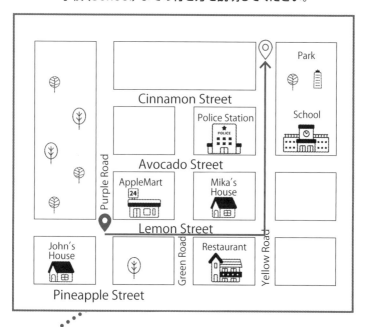

視点の
ヒント

❶ 全体像 ……………… **どこに行く？　目的地は？**

❷ 対象の概要 ………… **今いる場所は？**

❸ 対象の細部 ………… **具体的な道順は？**

ヒントになる語句

go straight 直進する

👀⋯▶ 視点の流れと表現例

1 目的地は？ → 公園

- **Let's go to the park!**
  公園に行きましょう！

2 今いる場所は？ → スーパーの前

- **You are now at the corner of Purple Road and Lemon Street, in front of AppleMart.**
  あなたは今パープルロードとレモンストリートの角、アップルマートの前にいます。

3 より細かく具体的に → 手順は？　どうやって行く？

- **Go straight down Lemon Street and turn left on Yellow Road, after Mika's house.**
  オレンジロードを直進し、ミカの家を過ぎたところでイエローロードを左折してください。

- **Keep going straight.**
  そのまま直進してください。

- **After you pass the police station, the park will be on your right.**
  警察署を過ぎると、右手に公園があります。

表現のポイント

　ここでは、道案内の際に使える位置関係を示す表現を下記のようにまとめておきます。

・in front of... 〜の前に

・at the corner of... 〜の角に

・next to... 〜の隣に

・on the right of... 〜の右に

・on the opposite side of... 〜の反対側に

・diagonally in front of... 〜の斜め前に

・the second from the left 左から2番目

・across the street 通りの向こう側に

・around the store その店の周りに

・behind the building 建物の後ろに

Training 39

ネイティブスピーカーが写真を見て作った
英文の空欄に入る単語をうめてみよう。

　Let's go to the park! You are now

(**❶**) Purple Road and Lemon Street,

(**❷**) AppleMart. Go straight down

Lemon Street and turn left on Yellow Road, after

Mika's house. Keep going straight. After you

(**❸**) the police station, the park will be on your

right.

英文の訳

　公園へ行きましょう！　あなたは今、パープルロードとレモンスト
リートの角、アップルマートの前にいます。レモンストリートを直進し、
ミカの家の先のイエローロードを左折。そのまま直進してください。警
察署を過ぎると、右手に公園が見えてきます。

乗換案内をする

第 1 問

下記のアトランタ地下鉄の路線図を参考に、
空港からウェストレイク駅への行き方を説明してください。

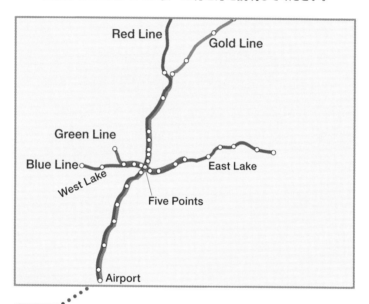

**視点の
ヒント**

❶ 全体像 …………………… **どこからどこへ行く?**

❷ 対象の概要 …………… **どうやって行く?**

❸ 対象の細部 ………… **具体的な乗換えの手順は?**

❹ 感想 …………………… **感じたことや注意事項は?**

ヒントになる語句

currently 現在／ destination 目的地／ transfer 乗り換える／
direct line 直通の路線／ stop 駅、停車場／ opposite 反対側の

👀⋯▶ 視点の流れと表現例

1 どこからどこに行く? → 空港からウェストレイク駅へ

・**You are currently at Airport Station.**
あなたは現在、空港にいます。

・**Your destination is West Lake Station.**
目的地はウェストレイク駅です。

2 どうやって行く? → 乗り換えは何回?

・**There isn't a direct line from Airport to West Lake, so you will need to transfer trains once.**
空港からウェストレイクまでは直通の路線がないので、乗り換えが一度
必要です。

3 より細かく具体的に → 手順は? どこで何に乗り換える?

・**First, get on the Red or Gold line.**
まず、レッドラインかゴールドラインに乗ってください。

・**Ride for seven stops until you reach Five Points Station.**
ファイブポインツ駅まで 7 駅乗ってください。

・**Then, change to the Blue Line.**
その後、ブルーラインに乗り換えてください。

- This will take you to West Lake Station, which is four stops away.

これで 4 駅先のウェストレイク駅まで行くことができます。

---

4 感じたこと、気づいたこと、注意事項など

- Be careful not to go the opposite direction to East Lake.

反対方向のイーストレイクに行かないように注意しましょう。

- And remember, you only need to transfer trains once, so it's pretty straight forward.

忘れないでくださいね。乗り換えは 1 回だけなので、とても簡単です。

表現のポイント

　道順や手順を表すときは、順番を示す first、second、third、finally や、next、then、after that などを用いると効果的です。用例は次のようになります。

- First, I'll prepare the ingredients for the cake. Then, I'll preheat the oven.

私はまずケーキの材料を用意し、それからオーブンを予熱します。

- First, they discussed the problem. Then, they proposed a solution.

最初に彼らは問題を議論し、それから解決策を提案した。

Training 🔊 40

ネイティブスピーカーが写真を見て作った
英文の空欄に入る単語をうめてみよう。

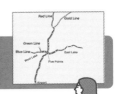

You are currently at Airport Station. Today's (❶) is West Lake Station. There isn't a direct line from Airport to West Lake, so you will need to transfer trains once. (❷), get on the Red or Gold line. Ride for seven stops until you reach Five Points Station.

(❸), change to the Blue Line. This will take you to West Lake Station, which is four stops away. Be careful not to go the opposite direction to East Lake. And remember, you only need to transfer trains once, so it's pretty straight forward.

英文の訳

あなたは現在空港駅にいます。今日の目的地はウェストレイク駅です。空港からウェストレイクまでは直通の路線がないので、一度乗り換えが必要です。まず、レッドラインかゴールドラインに乗ります。ファイブ・ポインツ駅まで7駅乗ります。その後、ブルーラインに乗り換えます。これで4駅先のウェストレイク駅まで行くことができます。反対方向のイーストレイクに行かないように注意しましょう。乗り換えは1回だけなので、とても簡単です。

●空欄の答え　❶ destination ／❷ First ／❸ Then　173

第 2 問

下記のボストン地下鉄の路線図を参考に、ノースステーションから
ハーバード駅への行き方を説明してください。

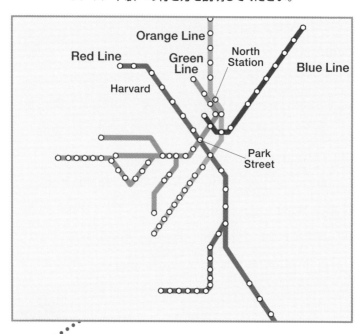

視点の ヒント	❶ 全体像 ……………………	**どこからどこへ行く？**
	❷ 対象の概要 …………	**どうやって行く？**
	❸ 対象の細部 …………	**具体的な乗換えの手順は？**
	❹ 感想 ………………………	**感じたことや注意事項は？**

ヒントになる語句

miss 逃す

👀 …▶ 視点の流れと表現例

1 どこからどこに行く?
　→ ノースステーションからハーバード駅へ

・ **You are now at North Station.**

あなたは今、ノースステーションにいます。

・ **The station has two lines, the Green Line and the Orange Line.**

この駅はグリーンラインとオレンジラインの2つの路線が通っています。

・ **Your destination is Harvard Station along the Red Line.**

あなたの目的地は、レッドライン沿いにあるハーバード駅です。

2 どうやって行く? → 乗り換えは何回?

・ **You have to transfer trains once to reach your destination.**

目的地に達するには、1回乗り換えをしなければならない。

3 より細かく具体的に → 手順は? どこで何に乗り換える?

・ **First, get on the Green Line, not the Orange Line.**

まずオレンジラインではなく、グリーンラインに乗ってください。

- Next, go three stops to Park Street Station and change to the Red Line.

  次に、パークストリート駅まで 3 駅進み、レッドラインに乗り換えます。

- Finally, in four stops, you'll arrive at Harvard Station.

  最後に、4 駅でハーバード駅に到着します。

4 感じたこと、気づいたこと、注意事項など

- Don't use the Orange Line from North Station.

  ノースステーションからオレンジラインを利用しないでください。

- Don't miss your stop at Harvard Station.

  ハーバード駅で降りるのを忘れないでください。

表現のポイント

first、next、finally は道順だけでなく、下記のように手順を示すときにも使うことができます。

- First, I'll gather all the necessary documents.
  Next, I'll fill out the application form.
  Finally, I'll submit it to the office.

  最初に、必要な書類を集めます。次に、申請書を記入します。最後に、事務所に提出します。

Training 41

ネイティブスピーカーが写真を見て作った
英文の空欄に入る単語をうめてみよう。

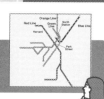

    You are now at North Station. Your
destination today is Harvard Station along
the Red Line. You'll (**❶**) trains once to get
there. North station has two lines, the Green Line
and the Orange Line. First, get on the Green Line
and ride three stops to Park Street Station. There,
(**❷**) to the Red Line. Taking the Red Line, ride
four stops until you reach your final destination,
Harvard Station. Remember to take the Green Line,
not the Orange Line, from North Station. Also
(**❸**) trains at Park Street Station, and don't
miss your final stop!

英文の訳

　あなたは今ノースステーションにいます。今日の目的地はレッドライン沿いのハーバード駅です。そこに行くには一度電車を乗り換える必要があります。ノースステーションにはグリーンラインとオレンジラインの２路線が通っています。まずはグリーンラインに乗り、３駅目のパークストリート駅まで行きます。そこでレッドラインに乗り換えます。レッドラインに乗り、最終目的地のハーバード駅に着くまで４駅分乗ってください。ノースステーションからはオレンジラインではなく、グリーンラインに乗るようにしてください。また、パークストリート駅での乗り換えも忘れずに、そして終着駅で降り損ねないようにしてください！

●空欄の答え　❶ need to transfer／❷ you will change／
❸ remember to change

第 3 問

下記のトロント地下鉄の路線図を参考に、セントジョージ駅から
ドンミルズ駅への行き方を説明してください。

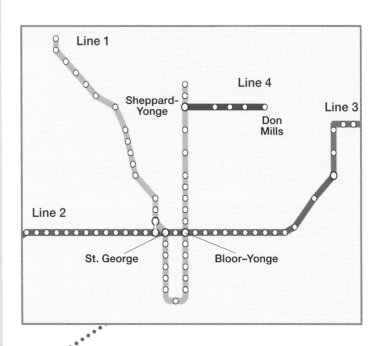

視点の ヒント	❶ 全体像	どこからどこへ行く？
	❷ 対象の概要	どうやって行く？
	❸ 対象の細部	具体的な乗換えの手順は？
	❹ 感想	感じたことや注意事項は？

ヒントになる語句

right now 今まさに／**get off** 降りる、下車する

👀 ···▶ 視点の流れと表現例

❶ どこからどこに行く?
→ セントジョージ駅からドンミルズ駅へ

- **Right now, you are at St. George Station.**

  今、あなたはセントジョージ駅にいます。

- **Your destination is Don Mills Station along Line 4.**

  目的地は4号線沿いのドンミルズ駅です。

❷ どうやって行く? → 乗り換えは何回?

- **You will need to transfer trains twice to get from St. George to Don Mills.**

  セントジョージ駅からドンミルズ駅まで行くには、電車を2回乗り換える必要があります。

❸ より細かく具体的に → 手順は? どこで何に乗り換える?

- **Two lines can be used from this station: Line 1 and Line 2.**

  この駅からは1号線と2号線の2路線が利用可能です。

- **First, take Line 2 to Bloor-Yonge Station, which is two stops away.**

  まず、2号線に乗って2駅先のブロアヤング駅まで行ってください。

- **Get off and change to Line 1.**

  下車して 1 号線に乗り換えてください。

- **Line 1 will take you to Sheppard-Yonge Station, which is eight stops north.**

  1 号線で北に 8 駅行くと、シェパードヤング駅に着きます。

- **When you get to Sheppard-Yonge Station, get off the train and change to Line 4.**

  シェパードヤング駅に着いたら、下車して 4 号線に乗り換えてください。

- **This will be your last transfer.**

  これが最後の乗り換えになります。

- **Take Line 4 four stops until you reach Don Mills, your final destination!**

  4 号線で 4 駅乗ると、最終目的地のドンミルズに到着します。

---

4 感じたこと、気づいたこと、注意事項など

- **Have a good trip!**

  良い旅を！

表現のポイント

　旅行者に声をかける表現としては、Have a good trip! 以外にも下記のようなものが挙げられます。

- **Have a safe journey!**　旅の道中お気をつけて！
- **Enjoy your travels!**　旅行をお楽しみください！
- **Bon voyage!**　行ってらっしゃい！　良いご旅行を！

Training ((◆)) 42

ネイティブスピーカーが写真を見て作った
英文の空欄に入る単語をうめてみよう。

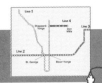

You are now at St. George Station. Two lines
(**❶**) this station: Line 1 and Line 2. Your
destination is Don Mills Station along Line 4. You will
need to (**❷**) trains twice to get from St. George
to Don Mills. First, take Line 2 to Bloor-Yonge Station,
which is two stops away. Get off and change to Line 1.
Line 1 will take you to Sheppard-Yonge station, which
is eight stops north. When you get to Sheppard-Yonge
Station, (**❸**) the train and change to Line 4. This
will be your last transfer. Take Line 4 four stops until
you reach Don Mills, your final destination! Have a
good trip!

英文の訳

　今、あなたはセントジョージ駅にいます。この駅からは2つの路線が
利用できます。つまり、1号線と2号線です。あなたの目的地は4号線
沿いのドンミルズ駅です。セントジョージからドンミルズまでは、2回
乗り換える必要があります。まず、2号線で2駅先のブロアヤング駅ま
で行きます。下車して1号線に乗り換えます。1号線に乗れば、8駅北
のシェパードヤング駅まで行くことができます。シェパードヤング駅に
着いたら下車し、4番線に乗り換えます。これが最後の乗り換えとなり
ます。最終目的地であるドンミルズに着くまで4番線で4駅です！　良
い旅を！

状況描写や説明に強くなる！
パッと見て話す英語スピーキング

2023 年 8 月 15 日　第 1 版第 1 刷発行

著者：コスモピア編集部

校正：高橋清貴
装丁：松本田鶴子

発行人：坂本由子
発行所：コスモピア株式会社
〒 151-0053 東京都渋谷区代々木 4-36-4 MC ビル 2F
営業部：Tel: 03-5302-8378 email: mas@cosmopier.com
編集部：Tel: 03-5302-8379 email: editorial@cosmopier.com

https://www.cosmopier.com/（会社・出版物案内）
https://e-st.cosmopier.com/（コスモピア e ステーション）

印刷・製本／シナノ印刷株式会社